DIE TORE VON ATLANTIS

Irene Sallinger

DIE TORE VON ATLANTIS

Botschaften aus der geistigen Welt zum Klimawandel

Bibliografische Information der Deutschen Nationalbibliothek:
Die Deutsche Nationalbibliothek verzeichnet diese Publikation
in der Deutschen Nationalbibliografie; detaillierte bibliografische
Daten sind im Internet über http://dnb.dnb.de abrufbar.

© 2018 Irene Sallinger
Satz, Umschlaggestaltung, Herstellung und Verlag:
BoD – Books on Demand

ISBN: 978-3-7460-7148-0

INHALT

VORWORT

Diese Texte sind mir in Form von Channeling zwischen Herbst 2015 und Sommer 2017 zuteilgeworden. Ich begebe mich dazu in eine meditative Haltung, lasse meinen Geist ganz still und leer werden und warte. Manchmal ist es, als risse plötzlich ein Vorhang auf, und das Diktat mit Bildern und Worten setzt sofort ein und läuft ohne Unterbrechung bis zum Schluss durch. Es ist, als ob ich in Gedanken fernsehen und ein Sprecher den Text zum Film vortragen würde. An anderen Tagen dauert es lange, bevor aus der Stille und Leere zögernd eine Farbe, verbunden mit einem zarten Gefühl, aufzusteigen beginnt. Ich spüre, dass ich dranbleiben muss, und warte, wie das Bild sich entwickelt. Plötzlich weiß ich dann, was ich sehe, und das Bild beginnt sich zu konkretisieren. Meist setzt direkt danach der Text ein. Nicht immer läuft er flüssig. Manchmal suche ich nach Begriffen, um das Bild zu beschreiben, und probiere innerlich Worte, bis ich spüre: Das ist es. Zuzeiten schaltet sich auch mein Verstand ein und protestiert: »Das kann doch nicht sein … ob das stimmt?«, und so weiter. Das ergibt Unterbrechungen im Fluss. Ich muss dann konsequent die Leere und Stille wiederherstellen und warten, dass der Prozess fortgesetzt wird.

Die beiden geistigen Wesenheiten, die mir diese Texte gegeben haben, nennen sich Orimur und Arkturion. Ich sehe sie innerlich vor mir, doch nur schemenhaft, und nur manchmal geben sie mir bekannt, welcher von beiden gerade spricht, denn sowohl ihre Namen als auch ihre Gestalt sind unwichtig. Ihr Interesse liegt nur darin, uns Menschen auf der Erde Wissen über Lebensweisen und Techniken im alten Atlantis zukommen zu lassen, das uns von großem Nutzen sein wird, um eine neue, ganz andere Lebensweise zu beginnen und den Folgen des Klimawandels zu begegnen.

Mittlerweile haben wir Menschen erkannt, dass wir alle Teil des Ökosystems Erde sind – und dass wir unsere Lebensweise auf der Erde neu gestalten müssen, wenn wir überleben wollen. Darin liegen trotz aller Gefahren auch große Potenziale und Chancen. Wir können sie nutzen, wenn wir den Mut haben, uns einzugestehen, dass unser bisheriger Weg in eine

Sackgasse geführt hat und wir den Sprung in eine neue Dimension wagen müssen. Die Texte in diesem Buch erzählen davon, dass wir unsere Spiritualität entwickeln können, indem wir liebende Hingabe an das Göttliche Selbst, an die heilige Beziehung zur Erde und zum Kosmos pflegen. Erst dann können wir auf innovative Weise Spiritualität mit einer Form von Technik verbinden, die auf dem Wissen aus dem alten Atlantis beruht und die den geistigen Ursprung aller Naturreiche anerkennt. So wird eine neue Dimension spiritueller Technik entstehen. Doch das bedeutet viel mehr, als Wissen aus dem alten Atlantis zu nutzen. Es bedeutet eine Bewusstseinsrevolution, die nicht mehr dem Wirtschaftswachstum, dem Erfolg und dem Konsum die größte Bedeutung gibt, sondern den geistigen Ursprung des Menschen, seine liebevollen Beziehungen zu allen Naturreichen, ins Zentrum stellt.

Die Texte, die mir gegeben wurden, enthalten die Vision einer Lebensweise, die auf Kooperation aller Naturreiche beruht, im Zusammenwirken mit der geistigen Welt. Das Christus-Bewusstsein entfaltet sich dabei als der Archetyp des Höheren Selbst in uns. Die beiden Atlanter haben mich ermutigt, mit der Veröffentlichung nicht länger zu warten, denn es ist dringend Zeit, ihr Wissen in unsere Lebensweise einzubinden und so den Folgen des Klimawandels zu begegnen.

Irene Sallinger, 30.10.2017

Die Lebensweise der Zukunft

Von der Verwobenheit der Naturreiche

Gemäß den alten Darstellungen sollte der Mensch nicht der Hybris anheimfallen zu glauben, er könnte in eine unbekannte Zukunft blicken. Ich, Orimur aus dem Ältestenrat von Atlantis, jedoch sage, dass nur ein Blick auf die höchsten Höhen ausreichend ist, um zu motivieren für eine anstrengende Wanderung – eure eigene Entwicklung. Die Vision vom Menschen ist jene, in der er zu seiner höchsten Fähigkeit aufgestiegen ist – als Hüter und Lenker der Geschicke des Planeten ist er der liebende Gärtner, der in seinem Wissen ein jedes Naturreich umfassend durchschaut, erkennt, lenkt und gedeihen lässt. Und ich meine nicht nur die Reiche der Kristalle, Pflanzen und Tiere, sondern auch jene der Natur- und geistigen Wesenheiten, die sich hinter den äußeren Erscheinungen des Materiellen aufhalten. Dieser Mensch ist sehend, fühlend, hörend, wissend und liebend geworden – und als solcher lenkt er die Geschicke auf seinem Planeten; wie in einem Fadenkreuz treffen die unterschiedlichsten Lebensreiche aufeinander und wirken zusammen. Er muss nicht nur die Devas der Pflanzen wahrnehmen, also die geistigen Wesenheiten, die die Pflanzen beseelen, er muss auch die Elementarwesen – die Nixen, die Gnome, die Salamander und Sylphen – erkennen, außerdem die Engelwesenheiten und hohen Hüterwesen der Kristalle, die Lenker der Tierwesenheiten und die der Regionen der Landschaft. Mit ihnen allen muss er kommunizieren und ihre Botschaften verknüpfen, damit der Planet zum Paradiesgarten der Zukunft wird. Genau das war mit den Worten der Bibel gemeint, sich die Erde untertan zu machen – in einem liebenden, pflegenden Sinne sind diese Worte zu verstehen. Der Mensch soll sein wie der Gärtner, der voll Liebe durch seine Anlage streift und doch dabei ist, Entscheidungen zu fällen. So werdet auch ihr sein, und diese Vision muss euch beflügeln, die Aufgaben anzugehen.

Naturwissenschaft bedeutet, die Verwobenheit der Reiche zu erkennen und zu würdigen. Kunststoffe, die ihr herstellt, dürfen nicht herausgerissen werden aus dem Zusammenhang des Lebens, sondern müssen in ihn eingeordnet sein. Die Wesenheiten, die in den Kreislauf der Erschaffung und Zersetzung eingebunden sind, müssen zur Kooperation eingeladen werden. Stimmen sie zu, werden sie im Forschungslabor auf liebende Weise dazu gebracht, sich mit dem Material zu befassen und es in ihren Kreislauf aufzunehmen. Dazu werde ich euch noch einiges über die Zersetzung von Kunststoffen erzählen. Lehnen die Wesenheiten die Beteiligung ab, so muss die Herstellung verworfen werden, denn der Stoff, der entstünde, fiele aus dem Zusammenhang des Naturkreislaufes heraus. Ein solches Problem habt ihr mit dem Plastik geschaffen, und nun müsst ihr die Wesenheiten nachträglich bewegen, mit euch zusammenzuarbeiten, um den Stoff doch noch in den Kreislauf einzugliedern. Da die Wesenheiten Mitgefühl mit euch haben, wird dies gelingen, solange ihr euch bemüht, sie zu erreichen.

Und so habt ihr mit allem, was ihr erfindet, zu verfahren. Die Idee muss in steter Mitwirkung der Mikroorganismen und Pflanzen, der Kristalle und Tiere entwickelt werden. Nur dann wird sie Teil des Kreislaufs sein. Nicht euer Vorteil sollte der ausschlaggebende Grund sein, sondern ihr sollt mit den Naturreichen zum Wohl aller Wesen zusammenwirken.

Der Forscher der Zukunft wird ein Mensch sein, der sehenden Auges und hörenden Ohres durch die Natur geht, dessen Chakren leuchtend und weit geöffnet sind. So steht seine Intuition im Zwiegespräch mit allen Wesen, und das Magnetfeld seines Herzens sendet weite Wellen von Liebe aus, sodass die Wesen sich von ihm angezogen fühlen und bei ihm sein wollen, um ihm zu dienen, so wie auch er ihnen dient. Dieser Forscher kann rechnen, genauso wie er lieben kann, er ist ein Hellsehender genauso wie ein Techniker, und er liebt es, in seinem Labor die Zellen mit der Energieschwingung des liebenden Willens zum Wachstum zu bewegen – in kristallenen Klangbecken, mit Farblichtstrahlung durch Kristalle und durch Gesang.

Ihr müsst keine Angst haben vor eurem Untergang, denn die Naturreiche warten nur auf eure Hinwendung.

Von der Abhängigkeit der anderen Reiche vom Wirken der Natur

Die anderen Reiche sind die nicht-sichtbaren, die hinter dem Schleier der irdischen Manifestation liegen: die Reiche der Gesteins- und Kristallwesenheiten, der Mikroorganismen, der Pflanzendevas und der Tierseelenhüter, der Elementewesenheiten – Gnomen, Nixen, Salamander und Sylphen –, der Landschafts- und Regionendevas sowie der Engelwesenheiten. Sie sind aus einem besonderen Grund vom Wirken des Menschen auf Erden abhängig: Weil sie durch sein Bewusstsein wie durch ein Brennglas auf die Erde schauen können, um schärfer zu erkennen. Da ihr Bewusstseinsschwerpunkt in geistigen Regionen liegt, können sie die Erde nicht direkt wahrnehmen. Der Mensch ist der Einzige, der das Wagnis einging, direkt auf Erden in einem Körper zu inkarnieren, um die Erfahrung, Hüter eines Planeten zu sein, konkret zu machen. In seinem Bewusstsein können diese Erfahrungen mit den anderen Wesenheiten geteilt werden, was diese sehr erhoffen. Denn auch ihre Welt wird dadurch weiter und reicher. Entwicklung auf allen Ebenen ist der Sinn des Universums, und auch diese Wesenheiten entwickeln sich dank eurer Erfahrung. Ihr wiederum erhaltet viele Hilfestellungen durch die geistigen Wesenheiten, denn sie können Verknüpfungen auf anderen Ebenen herstellen, von denen ihr nichts ahnt. Die ökologischen Zusammenhänge, ausgedehnt auf die geistig-seelische Ebene, sind ihr Gebiet, und sie sind dazu da, euch davon zu berichten, damit ihr die Erde pflegen könnt. Ihr müsst lediglich euer Bewusstsein öffnen, um sie einzulassen. Sie warten auf eure Zuwendung, um ihre Arbeit durch euren Geist tun zu können. Da sie keine Körper besitzen, die handeln können, sind sie auf euch angewiesen. Sie kennen jedes Geheimnis der ökologischen Heilung.

Daher sage ich euch, nehmt sie auf in euer Bewusstsein und befragt sie auf liebevolle und respektvolle Weise, wie zu verfahren sei, um ein Problem zu lösen. Die Antwort wird eintreffen. Wenn ihr nicht wisst, wie, dann beginnt wie folgt zu üben: Nähert euch einer Pflanze, denn die Pflanzendevas sind dem Menschengeiste zugeneigt, und betrachtet sie auf liebevolle

Weise. Dann stellt der Deva der Pflanze eine Frage. Die Antwort wird auf verschiedenem Wege in eurem Geist eintreffen, sei es etwa durch eine Idee, ein Bild, einen Klang, eine innere Gewissheit oder ein Gespräch. Ihr müsst nur in einer offenen, liebevollen Haltung verbleiben. Und dann führt das Gesagte aus. Übt so immer weiter und steigert die Schwierigkeit. Denn etwa die Hüterwesen der Mikroorganismen oder der Kristalle sind nicht so leicht zu erreichen und zu hören wie jene der Pflanzen oder Tiere. Übt immer weiter. Ihr werdet diese Fähigkeit brauchen, um den ökologischen Schaden auf der Erde wiedergutzumachen. Fragt beispielsweise: »Wo soll ich dich hinpflanzen?« Die Antwort wird auf die eine oder andere Weise eintreffen. Handelt danach, das ist wichtig, damit die Naturwesenheiten Vertrauen zu euch fassen und die Verbindung festigen. Übt so immer weiter.

Dies funktioniert immer, weil es nur ein Ganzes gibt, das existiert. Jedes ist Teil von allem, daher ist jedes mit jedem in tiefer Verbindung. Mehr dazu später.

Ein neues Verständnis von geistigen Wesenheiten

Das Verständnis von geistigen Wesenheiten muss grundlegend revidiert werden, um für den modernen Menschen annehmbar zu sein. Versteht, dass das Feld das Grundlegende ist, zwar unsichtbar, jedoch die Basis ist für alles, was daraus geschaffen wird. Denn einst lag das Universum in einem Samenkorn zusammengefaltet und expandierte dann im Urknall, und so ist es ein einziges zusammenhängendes Feld, in dem nichts vom anderen getrennt existieren kann, da alles einst in einem potenziellen Ort des Seins eins war. Es gibt also nichts, was getrennt zu denken wäre. Daher ist im Kern auch eurer Existenz alles, was existiert – jeder und jede von euch ist eins mit allem, ist dieser Göttliche Funke des Urknalls, hat diese Expansion der Quelle in sich. Da ein jeder von euch belebt ist und beseelt, ist auch der Rest des Universums belebt und beseelt, und zwar weil ein jeder von euch eins mit ihm ist. Nicht mit den äußeren Auskristallisationen der materiellen Erscheinung, doch in den innersten Ebenen der Schöpfung. Da ihr die Sinneswerkzeuge besitzt, die euch die materiellen Ebenen wahrnehmen lassen, fällt es euch sehr schwer, die inneren Ebenen der unterliegenden energetischen Felder wahrzunehmen. Euer Blick geht von außen nach innen – daher ist es aus dieser Warte richtig zu sagen, es sei eine Projektion des menschlichen Geistes, Wesenheiten in den Erscheinungen des Universums wahrzunehmen. Es ist deshalb richtig, weil ihr eins mit dem ganzen Feld seid, und daher ist es aus dieser Sicht tatsächlich eure Projektion. Von der Göttlichen Quelle aus gesehen ist es andersherum: Die Quelle entfaltet sich in viele Arme und Äste, wie bei einem Baum, und ihr seid einer davon, der sich dann, da er nur die Spitze seines eigenen Zweiges wahrnimmt, als getrenntes und einziges Lebewesen wahrnimmt. In Wahrheit ist das ganze Feld des Seins wie ein Baum, der aus der Quelle emporwächst und sich in unzählige Äste und Zweige entfaltet. Doch auch die Spitze des kleinsten Zweiges ist zugleich der ganze Baum und kann mit jeder der anderen Zellen in Verbindung sein, denn das tragende Feld ist ein und dasselbe. Deswegen nehmt ihr beispielsweise die Deva einer Pflanze oder den Hüter eines Kristalls oder einen Engel als ein Geistwesen wahr, weil ihr aus der Sicht der Zweigspitze auf eine andere Zweigspitze schaut. In Wahrheit könnt ihr ins Innere des Zweiges und des Baumes eintauchen, in die energetische Ebene, und könnt dort die Deva, den Hüter, den Engel als Teil von euch selbst erfahren.

Nicht mehr ein Entweder-oder ist heute angebracht – wonach entweder die naturwissenschaftliche Denkweise stimmt, dass es keine Geistwesen gebe, sie nur Projektionen des menschlichen Geistes seien, oder aber die esoterische Denkweise recht hat, dass es sehr wohl Geistwesen gebe. Sondern für eure Zukunft müsst ihr ein Sowohl-als-auch denken: Es gibt keine isoliert irgendwo lebenden Geistwesen, denn ALLES ist die Projektion des Geistes der Göttlichen Quelle – und damit auch die Projektion eures Geistes, da IHR EINS mit dem Geist der Göttlichen Quelle seid, ein Teil davon. Es ist also richtig, dass alles, was ihr denkt und wahrzunehmen glaubt, eine Projektion eures Geistes ist. Zugleich ist es aber auch wahr, dass all diese Geistwesen existieren, weil sie Teil des Feldes der sich entfaltenden Quelle sind und energetisch feiner schwingenden Ebenen des Feldes entsprechen. Es gibt nämlich sehr viele Ebenen, und die materiell erscheinenden Formen haben die größte Anzahl. Erscheinende Formen besitzen sehr viele Ebenen energetischer Schwingung, die nach innen hin immer subtiler werden.

Menschen, die sich rühmen, streng naturwissenschaftlich vorzugehen und esoterischen Aberglauben auszuschließen, sagen eigentlich: »Ich kann nur den Zweig am Baum des Lebens sehen, der Erde heißt, und ich kann ihn nur von außen betrachten, also kann ich ihn auch nur von außen untersuchen.« Der Mensch der Zukunft ist aber jener, der sowohl auf naturwissenschaftliche Weise die Phänomene des Lebens erforschen als auch ins Innere des Feldes »Baum des Lebens« eintauchen kann, der die energetischen Ebenen erforschen kann, indem er auf ihnen reist mit seiner inneren Wahrnehmung und seinen Gefühlen. Wenn beide Sichtweisen verbunden werden, die innere und die äußere, haben wir einen Menschen, der das schöpferische Feuer des Funkens der Göttlichen Quelle und die Gesetze der energetischen Felder nutzen kann, um bis in die äußere Ebene der materiellen Manifestation etwas zu gestalten.

EINE NEUE RELIGION, DIE MÄNNLICHES UND WEIBLICHES VEREINT

ISLAND – DAS AVALON DES NORDENS

Schwärze Schwäne ziehen über den See, die dunklen Wolken ballen sich über ihnen zusammen und regnen schließlich ab. Sie kamen durch einen noch dunkler scheinenden Fjord im Norden Schottlands. Dort, wo die Erde weich, sich öffnend, hingebend ist, fliegen die schwarzen Schwäne in einem weiten Kreis ein und treffen auf die weißen Schwäne, die von Süden über die ganze Insel geflogen kommen. Sie landen in einem kreisrunden See mit dunklem, weich spiegelndem Wasser, wo die letzten Seerosen des Nordens gedeihen.

Die ganze Insel und besonders die Orte im Norden werden deswegen als so spirituell erachtet, weil in ihnen die weiblichen, weichen Qualitäten auf besondere Weise ausgedrückt werden. Das Land ist dort von Bäumen frei, weil die zarte Haut der Erde den Himmel direkt berühren kann und der Wind im Austausch mit ihr steht. Anders als die großen baumlosen Ebenen der Mongolei mit ihrer härteren Energie ist die Insel regenreich und von weicher Energie. Darum ist Avalon hier beheimatet als der Weiblichkeitsquell. Da der Norden baumlos ist, wurden das spirituelle Wissen und die Sternenkunde auf die Wasserquellen und Steine bezogen, um zu erkennen, wie die geistigen Wesenheiten direkt durch die Elemente sprechen. In den reich bewaldeten Gebieten des Südens wurde der Baum als Vermittler und Sprachrohr allen Wissens vernommen. In den Gebieten im Süden der Erde, wo große Höhen und eine klare Luft den Sternenhimmel so mächtig erscheinen lassen, sprachen die Sterne direkt zu den Menschen.

Von all diesen Orten zogen Menschen nach Avalon, um ihr Wissen zusammenzutragen und auszutauschen.

Doch die Schwäne ziehen wieder Richtung Norden, über die Insel, die aus Regen- und Nebelschwaden aufsteigt – über Island. Und über einen Krater fliegend sehen sie unter sich das heiße Magma auflodern. Dort im Norden, im Land der Elemente, wo nichts ablenkt von der ursprünglichen Kraft der Elemente, dort wird die neue Religion geboren werden. Denn der Mensch muss ganz von vorn beginnen und die Elemente der Natur wieder verstehen lernen.

Feuer, Wasser, Erde und Luft – aus ihnen geht alles hervor; und alleine daran zu denken wäre schon viel.

Die Schwarzpappel als Pforte in die Anderswelt

Ein dunkler Tümpel zwischen Bäumen – im dickflüssigen, schwarzen Wasser spiegelt sich das Licht. Blätter der Schwarzpappel fallen auf die zähflüssig sich bewegende Wasseroberfläche. Ein Wildschwein tritt vorsichtig durch das schlammige Land ans Ufer heran und trinkt. Die gelben Kätzchen fallen von den Bäumen auf das Wasser, und ihr Staub benetzt die Oberfläche.

Es gibt Pforten in der Anderswelt wie diese, auf denen ihr wandeln könnt. In den Spiegeln des Wassers seht ihr ein x-förmiges Kreuz und einen Halbmond. Das ist das Zeichen des neuen Kelches, aus dem getrunken werden wird. Das Kreuz Christi, des Gottes, der auf Erden inkarnierte, und die Mondenschale der Göttin – so werden sie vereint sein.

Die Religion des inkarnierten Gottes war sehr wichtig, um der allgegenwärtigen Göttin einen gleichwertigen Gott an die Seite zu stellen. Jetzt, da der männliche Teil Gottes nicht mehr in den geistigen Reichen weilt, sondern ebenso auf Erden inkorporiert ist, sind beide Seiten dort angekommen. Ihr könnt nun den Sonnengott als ebenbürtigen Partner der Mondgöttin verstehen, beide zusammen als reifes Paar, das sich befruchtet, anzieht, abstößt und ergänzt.

Christus ist das reife Ich, das über die Erde wandelt und die Schöpfung im vollen Bewusstsein ehrt. Dies ist die neue Religion.

Die Entstehung von Leben

Eine zerklüftete Bergkette, dunkel-rauchgrau-violett, die Flanke des größten Berges aufgerissen, Magma quillt daraus hervor, färbt die Luft rotorange. Gebirge entstehen und vergehen, doch die Kraft ihrer Entstehung auf dem Planeten ist einzigartig. Fruchtbare Verbindungen quellen mit dem Magma an die Luft und werden zur Besiedlung durch das Leben bereit. Leben kann nur durch das gemeinsame Vorhandensein von Luft und Wasser entstehen. Der Geist ist das Licht und die Hitze, die die Ausgangssubstanz, geronnenes Magma, durch die Einwirkung von Wasser und Luft zu reagieren anregt. Auf Atlantis verstanden wir, dass die männliche und die weibliche Seele, Luft und Wasser, durch ihre Reaktionen den Körper der Erde gestalten.

Leben bedeutet, dass die Göttliche Quelle etwas gestalten will. Sie schafft dazu den Entzünder, den Geist, der impulsiert, und sie schafft eine weibliche und eine männliche Seele, Prinzipien, die sich anziehen, damit Gestalt gebildet wird. Das Wasser als Form der weiblichen Seele ist magnetisch, zieht Bestandteile an sich heran, damit sie eine Form bilden. Die Luft als männliche Seele wirkt elektrisch und lädt mit Spannung auf, damit sich Dipole bilden, zwischen denen wiederum ein Gefälle liegt, damit Fluss zustande kommt. So erschafft sich eine Form, die Gestalt annimmt und zugleich den Fluss aufrechterhält, der Wachstum und Gestaltung ermöglicht. So entsteht das Leben.

Auf Atlantis wusste man, wie diese Kräfte gelenkt werden, um Leben entstehen zu lassen. Ihr müsst frisches Magma nehmen, es in ein Becken mit Wasser bringen, mit Luft durchmischen lassen und von Licht bestrahlen. Da bereits viel Sauerstoff in der Luft vorhanden ist, habt ihr es unendlich viel leichter als zu Beginn des Lebens. Wenn ihr klug genug seid, das Ganze in ein Kristallbecken zu geben, habt ihr eine ungeheure Katalysatorfunktion und könnt von Anfang an in eine gewünschte Richtung steuern. Verseht den einfallenden Lichtstrahl mit dem Impuls eures Geistes, wie ich euch sagte, mit dem Klang, denn IHR seid der Göttliche Funke selbst, der Leben erschaffen will in Form einer Gestalt. Übt zunächst an den einfachsten Formen, einer sich bildenden und abrundenden Zellmembran beispielsweise.

»Im Anfang war das Wort, und das Wort war bei Gott« – daher stammen diese Worte.

Die Farben von Atlantis –
Schöpfung durch geistiges Licht

Ein Meer zeigt sich, dunkelblau, und darin Inseln von Türkisgrün, die gefärbt sind wie Chrysokolle. Gehen wir näher heran, so sind wir mit den Farben von Atlantis verbunden. Die Epoche von Atlantis war sehr wichtig, denn vieles, was heute bedeutsam wird, hat seinen Ursprung in den damaligen Zeiten. In einem Becken aus Kristallglas schwammen Algen im luftig durchquirlten Wasser. Man experimentierte mit der Züchtung von Pflanzenzellen. Und alles machte den Eindruck, wie unter Wasser zu schwimmen, denn die Atmosphäre war wie in einer halbflüssigen Unterwasserwelt. Von oben schien eine helle Sonne in die wässrige Luft und erfüllte die Kristallbecken mit weißem Licht. Die Zellen der Algen teilten sich rasch, bildeten Stämmchen und Ärmchen, indem sie sich zusammenlagerten, und bildeten so den Grundstock für viele komplexere Pflanzen. Ich zeige euch dies, um darzulegen, wie aus Wasser und Luft mit der Entzündung durch das geistige Licht Pflanzenwachstum geschaffen wird. Es gibt den Aspekt des Feuers im Geistigen Willen, den puren Kern im Zentrum des Ichs, der durch Wasser in die Manifestation kommt, es gibt den feurigen Aspekt des Elementes Feuer, der durch Erde gebunden, durch Luft gekühlt wird, und nun sehen wir den geistigen Aspekt des Feuers als Licht, als Göttliches Licht, das die sprudelnd durchquirlte Masse von Wasser und Luft mit Leben entzündet, sodass Chlorophyll, der Träger des lebendigen irdischen Lichtes, geschaffen wird. Nicht ein elektrischer Blitz entzündete die Ursuppe, sondern das Geistige Göttliche Licht beseelte und belebte, befruchtete mit seiner Göttlichen Energie Wasser und Luft, die Träger Wasserstoff und Sauerstoff, sodass das Göttliche Licht in Algenzellen gefasst werden konnte. Kohlenstoff, der Kristallisationspunkt der Materie, war im Wasser gelöst und war der Ankerpunkt, um den herum das irdische Leben sich formen konnte.

Nicht die Atlanter selbst schufen die Pflanzenzellen, sondern sie stellten im Wissen um die Befruchtung die Becken aus Kristall bereit, um es geschehen zu lassen. Sie beobachteten den Verlauf und setzten ihn fort.

Ich sage euch dies, um euch zu zeigen, dass die schöpferische Kraft des Göttlichen Lichtes unbegrenzt ist. Denn selbst wenn ihr auf Erden Spezies vernichtet, wird in den Meeren neues Leben geschaffen. Das geistige Feuer befruchtet das Meer, und im tiefen Türkisblau entsteht der Teppich dunkeltürkisgrüner Algen, die sich, da sie das Streben hin zum Geistigen Licht in ihren Zellen inkorporiert haben, im Lauf der Evolution aufrichten und hinstreben zu ihrem Schöpfer. Ihr als Menschen seid euch all dessen bewusst. In jedem von euch ist das Geistige Feuer zum Höchsten gereift, zum Bewusstsein des Göttlichen in euch. Daher ist es eure Aufgabe, die Demut zu entwickeln, zu verstehen, dass nicht ihr es seid, die etwas erschafft oder vollbringt, sondern dass ihr, da ihr selbst das Göttliche in euch tragt, es in der Schöpfung erkennen und würdigen könnt.

Die Atlanter werden oft wie kalte Experimentatoren dargestellt, doch das waren sie nicht. Sie verstanden viel mehr vom Beobachten, als ihr es heute gemeinhin tut. Verlagert eure Sichtweise und erkennt, dass es allein das Geistige Göttliche Licht ist, das euch all dies ermöglicht.

Eine Höhle im Zwielicht, unter Wasser, vom milchigen Licht durchdrungen, ein Tunnel, der zu einem Bau am Meeresgrund führt – es sind Bauten von Atlantis, dem untergegangenen Kontinent. Es leuchtet dort türkisfarbenes Licht, und man bereitet sich vor. Eine filigrane Maske aus Windungen von Muschelgängen – lichtdurchflutete Eingänge zu Grotten in gotischer Form.

DER UNTERGANG VON ATLANTIS UND DIE SCHWINGUNGSLEHRE

Als die Katastrophe hereinbrach, setzte ein gewaltiger Sturm ein, und das Meer toste. Die Flutbecken im Hafen von Atlantis wurden gefüllt und überschwemmt, die Schiffe von Wogen überspült und gegen die Wände der Flutkammern gedrückt. Der prachtvolle weiße Tempel mit der imponierenden

Fassade aus unzähligen Säulen und dem geschwungenen, dreieckigen, segelförmigen Dach stand leuchtend vor einem Hintergrund tiefblauer, drohend dichter Wolken. Die Wale warnten in ihren Gesängen vor der Macht der Wellen, und die Wellenberge türmten sich vor dem Festland auf und trafen es unbarmherzig. Der große Tempel wurde durch einen gewaltigen Blitz in der Mitte gespalten, und ein Teil des Festlandes brach ab, denn die Erde bebte. Der sakrale Bau ging in den Wassermassen unter. Das Beben verstärkte sich, und der Kontinent wurde wie in einem Rüttelsieb in Teile zerbrochen, die unter den gewaltigen Wellenbergen begraben wurden. Nur winzige Stücke ragten noch aus dem Meer, als sich das Beben beruhigt hatte. Dies sind die Azoren und die Kanaren.

Schätzt euch glücklich, dass die Schwingungslehre nun wieder Einzug hält in die Medizin. Es gibt nur eine Quelle, die sich in Form verschiedener Schwingung ausdrückt. Deswegen ist die Umwandlung von einer Schwingungsfrequenz in die andere der Schlüssel zu allem.

DAS TOR ZUM REICH VON ATLANTIS – DIE ENTSTEHUNG DER BÄUME

Das Wrack eines Segelschiffs läuft am Strand einer tropischen Insel auf. Kleine silbrige Fischchen umspielen es, während es noch halb im Wasser liegt. Solche Inseln, zu klein, um interessant zu sein, gibt es viele. Doch in den Buchten, die sich unter Wasser entsprechend der Form der Inseln noch weiterziehen, sind oftmals Stellen von einem tiefen Türkis, die besonders wichtig sind. Das Türkis wird ummantelt von einem königsblauen Rand, und in diesen Schutzzonen des Wassers ist eine besondere Dichte vorhanden. Dort kommt das Wasser fast vollständig zur Ruhe und liegt in schwerer, dichter Form vor, die völlig still ist. Die Farbe des Türkis ist in dieser Dichte und Tiefe die Farbe des Friedens. Geht ihr in der Vorstellung dort hinein, öffnet sich ein Tor. Es ist das Tor zum Bereich von Atlantis, das mit dieser Farbschwingung verknüpft ist. Folgt den hohen gotischen

Tunnelbauten, und gelangt auf die Ebene des Lichtes. Ein Reich des Lichtes im Wasserbereich tut sich euch auf. Daher sagt man, Atlantis liege im Meer begraben. Denn nur über den Eingang dieser türkisfarbenen Schwingung, die der Dichte des Wassers gleicht, gelangt ihr dorthin. Und die Luft in diesem Reich ist wie lichtdurchflutetes Meerwasser. Die Farben von zartem Hellgrün bis Türkis, die gelbgrünen, von Licht durchbrochenen Fluten entsprechen diesem Reich, da es sich um eine mentale Zone des Friedens handelt. Die hohen, domartigen Gebäude und Fenster, die ihr seht, zeugen von dem aufstrebenden klaren Geist der Atlanter, die in enorme Höhe und Größe sich aufzurichten vermochten. Die Farben Gelb, Wasserblau und Türkis bis hin zu lichtem Grün entsprechen der Schwingung ihrer Seelen. Ihr seht die stolzen, schlanken Gestalten, die Väter und Männer mit einem strahlend gelben Stern an ihrer Stirn, in Gruppen nach Familien angeordnet, eng beieinanderstehend.

Ich zeige euch das, um euch verständlich zu machen, wie die Wurzeln und der Ursprung uralter Mammutbäume in diesem Reich liegen. Sehet, die Wurzeln der gigantischen Bäume bilden die turmartigen Kuppelbauten ihrer Kristallpaläste. Im Schutze der Wurzeln der gigantischen Mammutbäume schufen sie die Wände und Kuppeln dieser domartigen, gotisch spitz zulaufenden Bauten. An ihren Spitzen die türkisfarbenen Kristalle mit dem leuchtend gelben Stern, dem Licht, das sich über die Kuppeln ergoss. Durchschreitet die Kuppel, bis ihr in den Paradiesgarten gelangt, den sie besaßen. Er öffnet sich in einer runden, inselartigen Form und wird beschützt von glaskuppelartigen Bauten, die wie Wasserblasen die Atmosphäre schützen. Hier seht ihr Pflanzen und Blumen, die sie züchteten. Sie züchteten sehr viele Blumen, auch Kakteen mit leuchtend rosa Blüten, kleine lederartige Blattpflanzen mit roten Blüten und sehr vieles mehr. Sehr viele Frauen waren hier mit der Pflanzenpflege betraut. Die Atmosphäre war wie von einem wässrigen, nebligen Luftelement durchsetzt, was glauben machte, man sei unter Wasser. Die Bäume waren auf ausgelagerten Inseln weiter hinten am Horizont im Wachstum. Viele der jungen Bäume wurden hier gezüchtet und gepflegt, und die Wurzelrassen unserer Bäume gingen daraus hervor. Wir finden den Ginkgo in seiner ursprünglichen Form und auch die Fichte und Tanne. Die Atlanter waren ein Volk großer

Züchter und studierten die Vererbungsgesetze der Pflanzen. Sie hatten die Fähigkeit der Anwendung von Genetik erreicht und liebten es, zu kombinieren und zu experimentieren. Die Bäume, die sie schufen, waren schlank, hoch aufgerichtet, von hellem grünlichem Licht durchflossen, leuchtend, fast transparent, in Grün- und Blautönen schimmernd. Sie experimentierten mit Baumkronen, die sie für einige Bäume in ausladende Formen transformierten. Sie schufen die ersten Variationen der Laubbäume, die weit ausladende, schattenspendende Kronen besitzen. Diese waren von hellem Gelbgrün, und sie beschützten die Keimlinge der neu aufschießenden jungen Bäume. So war das erste Ökosystem Wald geboren. Es ist wichtig zu verstehen, dass in der Evolution die Laubbäume nicht deswegen später kamen, weil sie sich etwa noch nicht entwickelt hätten – sie waren im atlantischen Raum bereits vorhanden, doch auf der Erdoberfläche konnten sie sich nicht früher manifestieren. Der Boden musste zunächst bereitet werden, bevor sie mit ihren höheren Ansprüchen an dessen Beschaffenheit sich auf der rauen Erde verwurzeln konnten, ihre energetische, fluide Gestalt war jedoch bereits seit Langem im atlantischen Raum vorhanden.

NEUSEELAND – DIE VERTEILUNG DER BÄUME

Ein Berg wie ein Zuckerhut, überpudert mit Schnee – Alpen-Almwiesen neben Sümpfen im Mangroven-Wald. Nördliche Flora neben südlicher. Neuseeland ist der eine Pol eines Bandes, einer Brücke, die über die Inseln Indonesiens und über das Festland sich bis nach Norwegen hin spannt. Es ist eine Brücke der Stabilisation und des Ausgleichs, die den unruhigeren, bewegteren Gebieten jenseits davon entgegensteht. Neuseeland ist eine Insel der Stabilisierung, die die hitzigere, unruhige Energie der südlichen Halbkugel harmonisiert und energetisch im Gleichgewicht hält. Im Norden ist Norwegen ein ebensolcher Ort. In früheren Zeiten bestand ein Band über den Landweg zwischen diesen Gebieten, sodass die Flora sich über die Verbindungswege ausbreiten konnte. Ihr fragt euch, warum Norwegen und Neuseeland eine verwandte Vegetation haben – dies ist die Antwort darauf.

Nicht die Samen oder Keimlinge einer Art setzen sich durch und besiedeln dann ein Gebiet, vielmehr waren auf dem atlantischen Plan bereits alle Schöpfungsformen der Pflanzen und Bäume vorhanden. Sie wurden verteilt gemäß ihrer Neigung für ein bestimmtes Gebiet und setzten sich dort durch, denn energetisch waren sie bereits vorhanden. Das Band der nördlichen Vegetation ist ein Gürtel von Norwegen nach Neuseeland, der die darüber liegende asiatische Region abtrennt von der darunter liegenden südlichen Region.

Zur Zeit geht eine Gefahr von China für den Gürtel aus, denn durch die wuchernde Expansion dieses Landes droht er wie durch eine schwarze Wolke verbrannt und zerstört zu werden. China sollte sich auf eine gesunde und langsame Expansion besinnen, es darf den Gürtel nicht durch Abbrennen von Wald zerstören. Geschähe dies, verlöre er seine stabilisierende und kühlende Wirkung, und er würde die Energien der hitzigeren, bewegteren Gebiete Asiens und des Südens nicht mehr ausgleichen können – ein großes energetisches Schwanken wäre die Folge.

Ein vergleichbares Gebiet in Bezug auf Kühle, Stabilisierung und Ruhe wäre Kanada, es trägt aber wegen seiner Größe eine andere Bedeutung.

WALDGEBIETE ZUM KLIMAAUSGLEICH

Ein Wolf streift durch die zerklüftete Region eines Gebirgswaldes. Lärchen, Tannen und Fichten berührt er und erreicht das Hochplateau, wo nur noch vereinzelte Bäume wachsen. Über Tausende von Kilometern erstreckt sich das Waldgebiet, zerklüftet von tiefen Canyons, in deren Tälern die Flüsse rauschen. Der Himmel öffnet sich, ein Sonnenstrahl fällt herab, berührt das Hochplateau und bildet eine Lichtgestalt, die wie ein Engel über dem felsigen Gebiet schwebt. Adler kreisen in den Lüften, stoßen Schreie aus und finden dann zurück zu ihrem Horst.

Es wurden Tausende von Kilometern solcher Landstriche von der Göttlichen Intelligenz geschaffen, damit der Planet sein Gleichgewicht wahren kann. Der Friede, der hier herrscht, ist nicht eigens zu eurer Erbauung oder zur Ausbeutung geschaffen worden, sondern um euch zu zeigen, dass nur große Waldgebiete das Klima des Planeten bewahren können. Es ist euch nur möglich, in Städten zu wohnen, weil Landstriche wie diese den Ausgleich dazu schaffen. Es ist an der Zeit, die Liebe in eurem Herzen zu erwecken und das zu erkennen und zu würdigen. Wir haben die Erde über Jahrmillionen bewahrt und euch geholfen, euch bis zu diesem Punkt zu entwickeln. Jetzt seid ihr an der Schwelle zum Erwachsenwerden, und vertrauensvoll möchten wir die Aufgabe nun in eure Hände legen. Christus ist der Sohn Gottes, weil er für euch alle gekommen ist, um die Liebe in euren Herzen zu erwecken und das Licht in euch zu entzünden, das euch erkennen lässt, dass ihr alle Kinder Gottes und das Licht der Welt seid. So seid ihr die Hüter des Planeten, die mit ihrem Liebeslicht die Schöpfung bewahren und veredeln. Die Zeit ist gekommen, da ihr von einem Kind, das von Vater und Mutter alles erhält, ohne darüber nachzudenken, zu einem Erwachsenen werdet, der selbst die Verantwortung übernimmt. Ich erzählte euch von den Atlantern, um euch zu zeigen, dass sie sich dieser Tatsache bewusster waren, als ihr es seid, wobei sie in der Entwicklung weit vor euch lagen.

Ihr selbst tragt die Verantwortung dafür, ob in eurem Herzen das Liebeslicht, wie es euch der Christus zeigte, brennt und eure Taten erwärmt oder ob ihr euch bloß vom Licht der Erde und anderer ernährt. Ihr allein trefft diese Wahl. Und wenn das Licht in euch zu leuchten und zu wärmen beginnt, dann werdet ihr wissend und erkennt, wie die Gebiete der Erde zu erhalten sind.

Städte sollten stets durch Waldgebiete voneinander getrennt oder durch sie verbunden sein, um ihre Konzentration an Menschen auszugleichen. Die Flut aus dem Norden kommt, und jeder, der kann, soll so viele Bäume wie möglich pflanzen, um ihr etwas entgegenzusetzen.

Die Verteilung der Elemente auf den Kontinenten

Den Malachit meine ich, wenn ich von den Farben von Atlantis spreche, die das Eingangsportal zu diesem Reiche bilden. Da Farben Schwingungen repräsentieren, könnt ihr über sie Eingang zu jenem Reich finden. Wir haben uns diesem Reich zugewendet, weil dort die Ursprünge der modernen Flora auf der Erde liegen. Als wären sie selbst ein Baum, wuchsen und verzweigten sich die Kreuzungen der Pflanzen in Hauptäste, die dann jeweils die modernen Erdteile besiedelten. Europa wurde das Territorium der hochstehenden Laubbäume, die mit ihrem schützenden Blätterdach ein besonderes Mikroklima schufen, in dem der Mensch beschützt und behütet und von Überfluss gesegnet war. Das Gleiche gilt für Nordamerika, wenn auch dort durch die enorme Größe härtere Bedingungen herrschten und die Herausforderung in der gewaltigen Weite lag. Mit Südamerika haben wir einen Kontinent des Feuers wie auch mit Australien, doch muss ganz im Süden sich das Feuer mit der Dichte von komprimierender Erde und Kälte auseinandersetzen, während es dagegen im Norden mit Wasser konfrontiert ist. Daher ist dieser Kontinent Südamerika so widersprüchlich, und seine Pflanzen sind ursprünglich wilde und unzähmbare Devas, die sich den großen Gegensätzen stellen.

Wir haben die Mischung der Elemente von Erde und Luft in Europa, was ein zivilisierteres, kultivierteres Wachstum ermöglicht, wir haben die Kombination von Erde und Wasser in Nordamerika, was eine gewisse Ruhe und eine Gleichförmigkeit im Wachstum erlaubt. Wir haben Feuer und Feuer in Australien, was die Bearbeitung der Feuerkräfte erfordert und auch enormes Licht auf diesem Kontinent bündeln kann – die Lichtenergie der australischen Pflanzen ist besonders hoch und kann bei Lichtmangel wie Depression hilfreich sein, vorausgesetzt, der Mensch öffnet sich dem Wirken der lichtvollen Devas in seinen Energiekörpern. Wir haben die Kombination von Feuer und Wasser auf den Inseln Südostasiens, die eine gewisse Unbeständigkeit zur Folge hat, doch enorme Fruchtbarkeit und Schnelligkeit hervorruft. Wir haben die Kombination von Feuer und Erde in Afrika, was die Trockenheit hervorruft, die ihr kennt, doch herrscht hier eine ganz besondere Liebe zur Erde, denn wäre der Kontinent ungestört, würde eine Ruhe über Afrika liegen, die in einer besonders vertrauensvollen Geborgenheit seiner Bewohner begründet liegt. Wir haben die Kombination von Feuer und Luft in Indien, was die Spiritualität des Landes gut beschreibt, und auch die Devas der Pflanzen zeigen mehrheitlich das Aufstrebende, Feurige, das die Lebewesen zum Transzendieren des Irdischen ermuntert. Wir haben die Kombination von Erde und Erde in China und Russland, wobei natürlich auch andere Kombinationen zu finden sind, wie Erde und Luft im südlicheren China, Erde und Wasser in den Inselreichen und auch in den großen Waldgebieten Russlands. Doch die Grundqualität ist Erde und Erde, was dem Kontinent Asien die Kälte und Schwere verleiht, von der er sich ständig emporzuarbeiten versucht. Die Bedingungen sind hier besonders hart, weswegen resistente und langsam reagierende Devas mit ihren Bäumen und Gewächsen in der Mehrzahl sind. Die Kombination von Wasser und Wasser liegt in den Ozeanen selbst und im Reich von Atlantis, das demzufolge versunken ist, doch auf ätherischer Ebene weiter existiert und durch die enorme Formbarkeit und Biegsamkeit, die fruchtbare Schöpferkraft, immer neue Lebensformen hervorbrachte. Die Kombination von Luft und Luft liegt in den Winden und Brisen.

Ihr könnt die Menschen der Erdteile aufgrund ihrer vorherrschenden Elementeverteilung besser verstehen. Die Verschiedenheiten in den Menschenvölkern liegen in ihrer Entwicklung auf den energetisch unterschiedlichen Kontinenten begründet.

Afrika war die Mutterstätte der Menschheit, weil der Kontinent so freundliche Bedingungen bot, als er ungestört dalag. Nicht nur die hohe Licht- und Feuerkraft, die Stabilität der Erde, sondern auch die Sanftheit des Elementes Luft waren hier gegeben, und dennoch gab es genug Wasser dank der großen Ströme, die es durchflossen. Als die Menschheit entstand, herrschte große Ausgewogenheit in Afrika. Das ist heute nicht mehr so. Würdet ihr das ökologische Klima durch liebevolle Haltung ins Gleichgewicht bringen, wäre es wieder so.

PFLANZEN ZÜCHTEN MIT KLANG, FARBEN UND KRISTALLEN

PFLANZEN AUS DEM ÄTHERISCHEN ERSCHAFFEN

Tief im Meerwasser – die Farben Dunkelblau und Hellblau. Eine Höhle, durch die wir ins Licht schwimmen, das sich eröffnet. Kleine Wasserblasen sprudeln in Spiralen nach oben. Die Farbe des Wassers ändert sich zu Flaschengrün, und wir tauchen an einem Strand auf, der von Dschungel bewachsen ist. Wir befinden uns in einer anderen Zeitepoche, als die Farne noch einen Großteil des Waldes bildeten. Wir sehen, wie hier von Atlantis aus die ersten Büsche und Bäume Form annehmen in echtem Bewuchs. Tiere mit grauen Rücken wie Nilpferde streifen durch den Wald. Sie müssen erst lernen, die neue Blattform als Futter zu begreifen. Die Atlanter waren groß und sehr dünn, viele mit Hüten, die wie gotische Dreiecke langgezogen auf ihren Köpfen saßen, meist von violetter und blauer Farbe. Sie konnten die ätherischen Kräfte formen und aus ihnen Gestalten bilden, weshalb sie in einem Unterwasserreich lebten, nämlich im Ätherischen Bereich. Daher sagt man, Atlantis sei versunken, da sie im Ätherischen versanken. Sie formten die ätherische Substanz mit ihrem Willen, und sie wussten, dass es eine Erdkruste geben würde, auf der die Gestalten ihrer Schöpfungen einst auskristallisierten zu irdischer Form. So manifestierten sich die Büsche und Bäume.

Um die Folgen des Klimawandels auszugleichen, müsst ihr euch an diese Fähigkeiten erinnern und an sie anknüpfen, denn ihr werdet aus ätherischer Substanz neue Pflanzen schaffen müssen, die an die extremeren Bedingungen angeglichen sind. Wollt ihr den Prozess der Evolution überlassen, wird es zu lange dauern. Ihr müsst dazu in die Unterwasserwelt der Atlanter eintauchen und euch intensiv mit diesem Reich verbinden. Es gibt manche unter euch die eine starke Imaginationsgabe haben; diesen mag es gelingen. Ihr müsst euch in einem Akt der Konzentration in eine werdende Pflanze einfühlen, die in einem bestimmten Gebiet wachsen möchte. Ihr müsst einen Willen fühlen, dieses Gebiet zu besiedeln, sodass euch die Kräfte zufließen und bewusst werden, die es dafür braucht. Die konzentriert ihr zu einer Gestalt und lasst zugleich geschehen, dass sie Form annehmen in Zellen, die sich zu einem Organismus fügen. Ihr müsst Gott um die Beseelung der Gestalt durch ein Geistwesen bitten, denn die neue Pflanze braucht ihre eigene Deva. Eure Imaginationskraft muss für längere Zeit konzentriert und lückenlos sein, um das zuwege zu bringen. Wenn die Gestalt aber Form angenommen hat und beseelt ist, wird sie von selbst lebensfähig sein und sich anpassen an die Bedingungen.

Euer Geist muss stets in Liebe auf Gott ausgerichtet sein, und euer Schöpfertum wird völlig im Einklang mit dem Gewünschten sein. Es ist sehr einfach, erfordert nur große Klarheit und Kraft.

Auf diese Weise könntet ihr auch hilfreiche Bakterien erschaffen, die die Ölteppiche und das Plastik zersetzen.

Es wird einige von euch geben, die sich an Atlantis erinnern und die heute die Fähigkeit haben, ihren Geist in Liebe auf Gott auszurichten und dabei die Kraft zu erhalten.

Lebewesen aus Liebe erschaffen

Wir haben euch die Farben aus der Reihe Grün, Blau, Violett gezeigt, um die vorherrschende Schwingung im wässrigen Element fühlbar zu machen. Atlantis wählen wir deshalb zum Thema, weil ihr euch an die Fähigkeiten, Lebewesen aus beseelter Energie zu erschaffen, erinnern müsst, um die Folgen des Klimawandels und der Bevölkerungsexplosion zu bewältigen.

Wir wiederholen noch einmal, dass die Grundlage für alles die ausstrahlende Liebe aus euren Herzen ist, denn nur so ist alle Schöpfung im Einklang mit Gott. Deswegen kam der Christus auf Erden, um euch diese Fähigkeit, ein vor Liebe ausstrahlendes Herz zu besitzen, das wie ein Motor Energie spendet, zu lehren. Ihr müsst die Erde mit all ihren Energien ergreifen und tatkräftig gestalten – aus Liebe heraus.

Technik wird nur zum Machtmissbrauch führen, wenn sie nicht in dieser Liebe geschieht. Euer Herz wird euch sagen, was Gutes und Richtiges zu tun sei, und die starke Schwingung, die von euch ausgeht, wird die Energie in euren Händen formen.

Dies können nur die tun, die an sich glauben und das Vertrauen in das absolut Gute in ihrem Innersten stark fühlen.

IMPULSIERUNG DURCH MONDENKRÄFTE

Atlantis ist vom Mond geprägt, der zu jenen Zeiten noch viel näher an der Erde vorbeilief. Er war viel größer zu sehen und bewegte die Wassermassen auf viel stärkere Weise. Auch die Flüssigkeit in den halbfesten Erdmassen wurde durch den Mond geformt und beeinflusst. Bei der nächsten Mondfinsternis werdet ihr einen Eindruck davon bekommen, wie unser Trabant zu Atlantis' Zeiten auf die Menschen wirkte. Doch müsst ihr euch sein Licht in einer milchigen, nebligen Wand verborgen vorstellen. Der Mond beeinflusste das Pflanzenwachstum in weit stärkerer Weise als heute, und dies ist der Grund, warum sein Einfluss zu Züchtungen der Pflanzengattungen herangezogen wurde. Die lebende Substanz war noch viel stärker prägbar und bildbar, weil sie viel mehr vom Mond impulsiertes Wasser enthielt, daher konnten in der Formung von Substanzen große Fortschritte erzielt werden. Die kommende Mondfinsternis kann ein Neuanfang sein, wenn ihr versucht, an die alte Tradition von Atlantis anzuknüpfen. Ich sagte euch, dass die Mondfinsternisse Unterbrechungen im Lebensstrom darstellen, die eine starke Impulsierung zur Folge haben. Nutzt diesen Einschnitt, um euch zu besinnen, in welche Richtung ihr das Wachstum einer Pflanze im positiven Sinne beeinflussen wollt. Versucht, mit der Kraft der Liebe, die aus eurem Herzen ausstrahlt und eine energetische Kraft darstellt, der Pflanzenzelle einen Impuls zu vermitteln. Denkt daran, dass es in Zukunft darum gehen wird, Milliarden von Menschen auf eurem Planeten zu ernähren. Versucht, die Pflanzen so mit Liebe zu impulsieren, dass sie sich auch in feindlicher Umgebung anzupassen vermögen und so fruchtbar und gemäßigter in ihrer Atmosphäre werden. Ihr solltet nicht den alten Fehler der Atlanter wiederholen und mit der Technik Missbrauch treiben, wie ihr es jetzt auch auf eurem Planeten beobachten könnt, sondern ihr steht an der Schwelle eines Bewusstseins, das diese Fehler erkannt und überwunden hat und aus einer anderen Schwingung des kosmischen Herzraumes heraus wirken kann. Keine Manipulation ist notwendig, nur eine Impulsierung. Überlasst es der Intelligenz der Pflanzenzelle, wie sie sich an die neue Umgebung anpassen wird. Versucht ein Experiment in eurer näheren Umgebung, indem ihr im Anschluss an die Mondfinsternis aus einer liebevollen Haltung heraus versucht, eine Pflanze dazu zu bewegen, einen energetisch gestörten Platz zu besiedeln und zu regenerieren. Der Atlanter trug oftmals einen Halbmond auf der Stirn, weil er die Impulsierung der ätherischen Kräfte durch die Mondenwirkung zu lenken verstand.

TÖNE, FARBEN UND PFLANZEN

Die Tore von Atlantis sind bereit, einzulassen die Hüter der Schwelle, die von Anbeginn unterstanden den Gesetzen der Farbe Aquamarinblau. Die Tore stehen jetzt offen, die Flut schwillt an und ist bereit, jene einzulassen und zu umströmen, die sich der Welle anvertrauen. Ich bin Orimur, der Älteste des Rates. So tretet jetzt ein. Durch das diamantene Tor gelangt ihr zunächst in die Farbe Gelb. Dies ist das Anzeichen für eine Welt, in der Gedankenformen poliert werden. Die zeitlosen Geschehnisse, die dort gespeichert sind, wurden in atlantischer Zeit in filigraner, kristallklarer Form angelegt. Für jene, die Verbindung haben zu der Dimension, ist es von Bedeutung, diese Form aufzufassen im Geiste und in heutiger Zeit in die Materialisation zu bringen. Es sind vornehmlich Töne, die aufgefangen eine Melodie ergeben, welche den Pflanzen vorgespielt werden sollte. Die Melodien erinnern die Pflanzen an einen früheren Wachstumsrhythmus und helfen in der evolutionären Weiterentwicklung.

Ihr solltet jene eurer Mitmenschen um euch versammeln, die durch das Tor gehen können, und mit ihnen die Meditation gestalten. Es geht in diesem Stadium in erster Linie um die Pflanzen. Sie brauchen in dieser Epoche die Unterstützung durch uns zur evolutionären Weiterentwicklung. Ihr müsst verstehen, dass aus der geistigen Ebene von Atlantis ein weiteres Mal Impulse auf die Erde kommen sollen, die Anpassungen an das Klima ermöglichen. Wir sind Seelen einer Reihe von Forschern. Die seltene Reihe nämlich, die spirituelles Gewahrsein mit wissenschaftlicher Forschung adäquat zu verbinden vermag. Meditiert einen Lichtstrahl hinab aus dem Tor der gelben Energie auf das Hügelbeet und lasst geschehen, dass der Lichtstrahl die Pflanzen trifft. Beginnt mit den Maispflanzen.

Das Auge von Atlantis ist eure Heimat. Wer sich von euch einsam fühlt, der denke daran, dass er oder sie eine von uns ist und das Tor jederzeit durchschreiten kann. Wir senden euch Beweise. Die Lichtenergie der Pflanzen überträgt sich auf das Wasser. Heilung kommt über den Quantenstrom veränderten Wassers. Stellt Johanniskraut ins Wasser unter die Pyramide des atlantischen Tors. Es macht nichts aus, von der Pflanze einen Stängel zu nehmen; das Geistwesen ist unversehrbar. Aus dem Tor steigt das Geistwesen hernieder und impulsiert das Wasser. Da wir Atlanter mit Pflanzenwesen gearbeitet haben, stehen sie uns nahe und lassen sich von uns lenken.

DIE DEVA DER MAISPFLANZE UND DES JOHANNISKRAUTES

Auf dem ersten Hügelbeet an der Straße steht die erste Maispflanze: Die Mais-Deva mit langen wehenden Haaren, die sich im Wind wiegt, steigt nach oben durch das Tor in den Kreis der Atlanter. Sie halten Kristalle in den Händen, Bergkristalle. Die Maisdeva dreht sich schnell im Kreis, und ihr seht, wie gitterförmige Strukturen aus silbernen Linien sich um sie und in sie legen. Sie nimmt diese gitterförmigen Strukturen auf. Ihr müsst verstehen, dass die Botschaft zur Bildung von Silizium in die Deva integriert wird, weil die Maispflanzen in Zukunft mehr Silizium brauchen, denn wegen des Klimawandels müssen sie stabiler gegen Feuchtigkeit werden. Mais wird in Zukunft wichtiger für euch werden in der Ernährung, denn wegen der zunehmenden Feuchtigkeit aufgrund des Klimawandels wird euer Getreide oft nicht mehr die Reife erlangen. Ihr seht blaue Kügelchen in die Maisdeva hineinströmen. Das ist Superoxiddismutase oder -peroxidase, es dient der Beschleunigung des Stoffwechsels. Ist der Vorgang abgeschlossen, sinkt die Maisdeva hinab und verbindet sich mit der Pflanze. Hier müsst ihr mithelfen. Bewahrt von dieser Pflanze Maiskörner auf und sät sie wieder aus.

Dann stellt das Glas mit Quellwasser und Johanniskraut unter den gelben Lichtstrahl. Nach einer Weile seht ihr die Johanniskraut-Deva. Sie ist ganz sanft und sehr ruhig, vielleicht anders, als ihr erwartet, ihr habt sie euch vielleicht sehr strahlend und aufmunternd vorgestellt. Wie ein Strahlenball geht sie auseinander, wie beim Feuerwerk, wenn Kugelstrahlen einen Ball formen; die Lichtkugeln sind violett. Ihr werdet ganz ruhig, voller Frieden. Nach kurzer Zeit ist der Prozess abgeschlossen, die Energie der Deva ist auf das Wasser übergegangen.

KRISTALLE

KLÄNGE UND FARBEN ZUR PFLANZENZÜCHTUNG

Die steinernen Reiche haben sich abgesetzt, um Materie bilden zu können. Das unterscheidet sie von den anderen Reichen, die leichter ihre Aggregatszustände wechseln können. Daher sind die steinernen Reiche darauf angewiesen, in ihrem Zustand dennoch mit der Quelle ihrer Herkunft kommunizieren zu können. Das ist der Grund, warum Kristalle geschaffen sind – sie stammen aus den steinernen Reichen und bieten durch ihre Transparenz dennoch ein direktes Auge in die geistigen Welten. Wir Atlanter arbeiten mit Kristallen, weil sie der klarste und reinste Weg sind, aus der geistigen Welt in die Materie einzuwirken. Wie ein Lichtstrahl, der direkt und ohne Mittler sein Ziel trifft, sind die Kristalle. Sie sind der direkteste Weg, Information zu übermitteln, mehr noch als Wasser, da die Schwingung in ihnen konstanter erhalten bleibt. Deswegen haben die Atlanter Methoden entwickelt, wie sie Information auf Kristalle übertragen und weiterleiten können an die Lebensformen der Erde.

Ein Kristall kann nicht direkt beeinflusst werden. Der Atlanter muss in Verbindung mit dem Geistwesen in ihm treten. Das ist nicht einfach, denn diese Wesen hausen in hohen, entrückten Regionen und sorgen sich per se nicht um die Belange irdischer Lebensformen. Doch es ist möglich, in Verbindung mit ihnen zu sein und Erlaubnis von ihnen zu erhalten.

Die Atlanter versammeln sich im Kreis. Der Zirkon, den sie in Händen halten, kann extrem klare Schwingungsmuster auf ein Lebewesen übertragen. Er muss zuvor von den Atlantern besungen werden, damit er die Information aufnimmt. Die Atlanter meditieren im Forschungslabor des Rates, um zur Entscheidung zu kommen, was verändert werden soll, um eine bessere Anpassung zu ermöglichen. Dann geht der gewählte Sprecher in tiefe Meditation, um sich mit dem Geistwesen des Kristalls in Verbindung zu bringen. Indem er an die Ziele denkt, entsteht das Lied in ihm, das er dem Engelwesen des Kristalls vorsingt. Der Engel lässt die Schwingung in sich wirken und antwortet mit zustimmender oder ablehnender Schwingung – seinerseits in Form einer Melodie. So ergibt sich aus beidem die Melodie, die der Atlanter nun dem Kristall vorsingt. Er hält ihn in Händen, und die Schwingung überträgt sich. Versammeln sich alle Atlanter im Tempel der Evolution und halten einen besungenen Kristall in Händen, dann überträgt sich die Schwingung auf die Deva des Lebewesens in der Mitte. So wird auf sanfte Weise ihre DNA modifiziert und besser angepasst an die zukünftigen Bedingungen. Grundlage ist die Liebe, die die richtigen Intuitionen und Ideen entstehen lässt. Es geht nicht um einen Vorteil oder Profit, sondern um Liebe dem Lebewesen gegenüber.

Ihr Menschen, die auf der Erde lebt und auf der geistigen Ebene eine Verbindung zu den Atlantern aufbaut, könnt helfen, die neue Information auf der Erde zu stabilisieren, damit sie in den Nachkommen Wurzeln fasst.

Die Liebe zur Schöpfung ist dabei die Motivation, die Liebe zur Herrlichkeit der Farben und der Lebensformen. Wer sich von euch in seinem Garten oder in der Natur mit Lebewesen verbindet, der kann von den Atlantern aufgefordert werden zu helfen, neue Information zu stabilisieren, damit Anpassungen an den Klimawandel geschehen. Vonnöten ist dafür nur Zentriertheit in der Meditation und Offenheit für die Botschaften aus dem Heiltempel.

Leben erschaffen aus dem liebenden Herzen

Es wurden im Zusammenhang mit Atlantis immer wieder die Farben Blau (tiefes Königsblau), Türkis und Grün erwähnt. Das ist angemessen, da die Grundseelenschwingung der Atlanter eher in diesem Spektrum der Frequenzen zu finden ist. Um wahrhaft ein Heiler der Erde zu werden, muss jedoch die Seele durch alle Frequenzen gehen, und sie muss jede Farbschwingung in sich selbst tragen, um sie auch ausstrahlen zu können. Die Seelen aus Atlantis, die weiterhin auf der Erde Erfahrungen sammelten, haben also zu heutigen Zeiten sämtliche Farben in ihrem Seelenspektrum gleichmäßig entwickelt enthalten. Und dennoch existiert der Kristallpalast der alten Atlanter auf geistiger Ebene weiterhin. Warum ist das so? Es gibt eine gewisse Form des Arbeitens mit Lebensformen, die über den Klang erfolgt sowie über die Farb- und Kristallschwingung, die auf der Erde von den Menschen nicht weiterentwickelt wurde. Dieses Wissen starb zunächst aus auf Erden, weil es im Entwicklungsstrom der Menschheit nicht dafür vorgesehen war, weiterverfolgt zu werden. Die Menschheit ging in eine ganz andere Richtung, nämlich in die Materie einzutauchen und sie zu verwenden. Doch viele Seelen haben dieses Stadium abgeschlossen, und ihre Sicht wendet sich der Ganzheitlichkeit aller Ebenen zu und entwickelt die Liebesfähigkeit des Herzens. Damit gewinnen sie die Reife, an die Fähigkeiten von Atlantis anzuknüpfen und sie auf neuer Ebene weiterzuentwickeln. Wenn ihr den Klimawandel auf sanfte Weise bewältigen wollt, müsst ihr mit der Schaffung der Lebensformen aus der Quelle des kreativen, liebenden Herzens beginnen. Ihr dürft keine Angst haben vor der Schaffung von Leben. Es bedeutet, eine Quelle für die göttliche Energie zu sein. Eure Pflanzen und Tiere werden sich wie ihr selbst anpassen müssen. Jene, die die Kunst der Meditation geübt haben, müssen lernen, ihre Energie auf einen Lichtstrahl zu konzentrieren, der aus dem Kristalltempel strahlt. Die reinen Farben der Kristalle, das klare Weiß, Blau, Türkis und Grün und das Gelb des Heilstrahls, müssen sich hierfür verbinden mit den Farben der Erde. Da eine natürliche Abstoßung der Schwingungen besteht, ist das nicht einfach, doch auch hier ist die liebevolle Energie die Kraft, die die Verschmelzung herstellen wird.

Pflanzen züchten mit Licht, Klang und Kristallen

Die kristallenen Hallen von Atlantis werden sich öffnen, und ich werde euch einweihen in die Geheimnisse der Schöpfung. Dort, am Anfang des Lebens, im mineralischen Reich, müsst ihr beginnen. Und von dort aus werdet ihr weitergehen. Unter einer Kuppel aus Bergkristall wächst ein Keim, und fällt Licht auf ihn, so werden die Strahlen durch die Struktur in ihm gebündelt und geordnet und tragen ihre Information um ein Vielfaches stärker in die Blattzellen des Keimlings hinein. Das Licht ist strukturiert, und ihr könnt diese Struktur zum Guten wie zum Bösen wenden, indem ihr einen Auftrag hineingebt. Den Auftrag nimmt das Licht über den Klang an. Ihr müsst also den Lichtstrahl mit der Schwingung des Klanges verbinden. Dazu müsst ihr die Kunst erlernen, auf einem Lichtstrahl zu singen, ähnlich wie es die mongolischen Obertonsänger vermögen. Wenn das Licht der Sonne einfällt, müsst ihr die Botschaft eures Gesanges zusammen mit dem Lichtstrahl auf die Reise schicken. So wurden in Atlantis die Pflanzen gezüchtet, und so sollt ihr es wieder tun, um im Einklang mit der Schöpfung zu sein. Um einen Keimling zu bewegen, aufrechter dazustehen, müsst ihr den Vokal I mit dem Sonnenlicht auf die Reise durch einen Kristall mit sehr silikathaltiger

Struktur schicken. Dabei müsst ihr euch vorstellen, wie das Licht und der Klang durch die Struktur des Kristalles dringen und sein Muster mit sich nehmen, um dann in die Zelle einzudringen und die Botschaft sich dort ausbreiten zu lassen. Geht achtsam und liebevoll vor, damit der Zellkern bereit wird, die Botschaft anzunehmen. Sanftmut und liebevolle Haltung sind vonnöten. So könnt ihr alles erreichen, was ihr wollt.

MONDENPRIESTERINNEN

Halbmonde auf der Stirn trugen die Atlanter dann, wenn es darum ging, das Wasser zu beherrschen. Es waren die Priesterinnen, die so erschienen. Sie lebten in einem Tempel, der von einem Wasserfall und einem See ausgefüllt war. Fiel das Licht des Vollmonds hinein und spiegelte sich darin, dann verband eine Priesterin sich mit dem Engel des Mondes und betete dafür, dass das Wasser erfüllt wurde mit ätherischen Kräften, die Heilwirkung besaßen. Zellen konnten regeneriert werden, wenn man von diesem Wasser trank, denn es besaß so starke ätherische Kräfte. Das Wasser wurde über ein System steinerner Rinnen, die sich verzweigten, in die Haushalte geleitet, und die Atlanter tranken davon. Diese Regenerationskraft half ihnen, sehr alt zu werden.

Die Priesterinnen wurden in die Labors eingeladen, um von dem Wasser mitzubringen und Pflanzenzellen darin zu baden. Die Zellen saugten sich kugelförmig auf, strahlten weißes Licht ab, bevor sie sich regenerierten, und begannen zu wachsen. Verletzte Teile von Pflanzen oder Tieren begannen sich gemäß ihrer ätherischen Gestalt zu regenerieren.

Weder Mond noch Wasser haben heute dieselbe Kraft, doch ihr könnt dorthin gehen, wo das Licht des Vollmonds ins Wasser fällt, und darum bitten, dass der Engel des Mondes das Wasser impulsieren möge. Dann könnt ihr davon trinken, es zum Gießen verwenden oder welke und verletzte Pflanzen darin baden sowie Wunden von Mensch und Tier auswaschen. Bittet darum, dass die ätherischen Kräfte aufgeladen werden mögen.

SUKKULENTEN ALS WASSERSPEICHER
UND DIE LIEBE ZU DEN ELEMENTEN

Sukkulenten können als Wasserspeicher und als Experimentierpflanzen sehr gut genutzt werden. Wenn ihr beginnt, mit Pflanzenzellen zu experimentieren, könnt ihr mit Sukkulenten beginnen, denn ihre Zellen sind sehr groß und stabil und können von euch dahin gebracht werden, mehr Wasser aufzunehmen. Ihr müsst dazu mit dem Wissen der Priesterinnen des Mondes über die steigenden und fallenden Kräfte Verbindung aufnehmen – Zeiten, in denen der Mond aufsteigt und in denen die Säfte aufsteigen, sind geeignet, mehr Wasser in den Zellen anzureichern. Doch damit das gelingt, müsst ihr beginnen, die Wesenheiten des Elementes Wasser zu lieben. Denn Priesterin zu sein bedeutet, durch die Kraft der Liebe und Zuwendung ein Wesen zu seiner Mitwirkung zu bringen. Beginnt damit, das Wachstum der Pflanzen zu lieben! Seht die Pflanzen um euch her und erkennt staunend die Kraft, die sie verwenden, um in solcher Fülle zu sprießen. Beginnt die Wesenheit zu lieben, die dieses Wachstum ermöglicht. Beginnt die Farben zu lieben, wenn ihr unter einem Baum steht und durch die hellgrünen Blätter in den Himmel seht und die Sonne am Himmel steht – erkennt, wie die Farben Blau und Lichtgelb zusammenwirkend das wunderbare Grün des Lebens ergeben. Denn die Wesenheit des Lichtes verbindet sich liebend mit jener des Wassers – und Leben entsteht. Diese Lektion ist erst der Anfang dessen, was ihr fühlen müsst, um zu Priestern zu werden. Wenn ihr die Kraft des Wassers liebt, wird es eurem Gesang folgen und aufsteigen in die Zellen der Pflanzen, die ihr ihm darbietet. In den großen Wüstengebieten, die sich auf der Erde ausbreiten werden, werdet ihr dies brauchen können, um Sukkulenten anzusiedeln, die euer Wasser und Energievorrat sein werden.

Mondenpriesterinnen werden dort sehr dringend vonnöten sein und schwierige Arbeit zu leisten haben. Sie sollten versuchen, in unterirdischen Höhlen das Wasser in Becken zu sammeln – es wird dort sehr wertvoll sein. Maßgebend ist, ob ihr die Zuneigung der ätherischen Wesen gewinnen könnt, denn sie allein entscheiden über das Vorkommen von Elementen.

Ihr seid die Meister der Liebe, ihr seid diejenigen, die mit ihrem liebenden Willen die Ströme der Elemente und damit die ätherischen Wesen lenken sollten. Die Erde ist wie ein Schiff auf See und bedarf eurer Führung, doch ist es eine Führung des liebenden Willens, die gebraucht wird. So viele Jahrtausende der Evolution habt ihr durchlaufen, um diesen Punkt zu erreichen – ihr könnt an das Wissen der Atlanter anknüpfen und es zum Guten verwenden.

Verbindet euch zu den Mondstationen der Mondphasen mit den Ätherkräften des Wassers, schenkt den ätherischen Wesenheiten liebevolle Zuwendung und übt, euch mit den Elementen zu verbinden. Die es ernst meinen, werden enorme Fortschritte in kurzer Zeit machen.

DER KIRSCHENHAIN AM MONDENTEMPEL

Ein Baum mit fünf in den Himmel strahlenden Hauptästen war die Urform der Kirsche. Er besaß eine dunkle, fast braungraue, glatte und dünne Rinde und wundervolle zarte weiße Blüten. Begleitet wurde er vom Totem des Raben – des Boten, der zur Kirsche gehört. Die Raben ließen sich krächzend nieder im Geäst der Kirsche. Sie schaukelten sanft im Wind mit dem Ast, äugten aufmerksam umher und schwiegen. Das Schwarz ihres Gefieders war wie das Ebenholz, und es gehörte zum Weiß und Rot der Kirsche wie im Märchen von Schneewittchen. Die Kirsche war ein Tor zur Anderswelt, ein Tor jedoch, das nur in absoluter Reinheit durchschritten werden konnte. Die Deva der Kirsche ist nämlich ein Wesen, das mit dem Thema des Todes und der Gefahr in äußerster Reinheit und Unschuld umzugehen vermag, und daher Menschen, die dem Tode geweiht sind, zurückholen kann ins Leben. Die Kirsche erinnert in ihrem saftigen und tiefen Rot an die Tollkirsche, die giftig ist, und aus der Kirsche fließt roter Saft wie das Blut, welches das Leben trägt. Die Kirsche hat daher diese Aura des Dunklen und Abgründigen, doch nehmt ihr die nicht wahr, da die Zartheit und Reinheit und das Rot des Lebens sie überwiegen. Die Kirsche steht für Fruchtbarkeit und Empfängnis, denn sie ist das Tor, durch das eine Seele, die gestorben ist, wieder Teil des Lebens wird und sich mit einem neuen Körper verbindet. Dies geschieht zur Zeit der Opposition, zur Zeit des Vollmonds. In Atlantis war der Kirschenhain um den Mondentempel herum angelegt. Die Priesterinnen brachten zu Vollmond geweihtes Wasser zu den Kirschen und erhielten so die Fruchtbarkeit des Landes. Frauen meditierten unter der Kirsche, um durch das Tor treten zu können und in der Welt der Gestorbenen Besuche zu machen oder Kontakt mit einer Seele aufzunehmen, die als Kind zu ihnen kommen würde. Ihr könnt unter der Kirsche meditieren und bei Vollmond, wenn das Tor sich öffnet, darum bitten, dass eine Seele zu euch als euer Kind kommen möge.

Die Deva der Kirsche kann die ewig wiederkehrende Jugend verleihen, da sie Tod und Geburt, Pluto und Mond, verbindet und eins mit beiden ist. Das Tor, das sie behütet, ist wie ein Einswerden von Tod und Geburt, von Dahinwelken und Wiedererstehen, ohne Zeitspanne zwischen beidem. Die Kirsche war der Baum für jene Atlanter, die die langen Zyklen des Werdens und Vergehens abkürzen wollten zu einem Moment, wo sich Tod und Geburt in eins verbanden.

DAS JOHANNISKRAUT ALS WEIBLICHER ASPEKT DES CHRISTUS-BEWUSSTSEINS

Das Johanniskraut, der Lichtbringer, ist nicht nur eine Pflanze mit langer Vergangenheit, sondern auch die Pflanze der Zukunft. In ihrer feinstofflichen Essenz kann sie zur Aufladung der Aura genutzt werden und ein so starkes und strahlendes Energiefeld erzeugen, dass Strahlenbelastungen abgefangen werden können. Denn je vergeistigter das Johanniskraut eingesetzt wird, desto stärker ist seine Wirkung. Es gibt Pflanzen, die besonders das geistige Prinzip in die Wirkung hineintragen, da sie von geistig sehr mächtigen Devas gelenkt werden. Das Johanniskraut ist eine solche Pflanze. Die Deva ist ein Engelwesen von gewaltiger überirdischer Strahlkraft, die das reinste geistige Sonnenprinzip zur Wirkung bringt. Vergeistigte Sonnenstrahlung! Das Kraut hat seinen Namen daher, dass es, so wie Johannes der Diener des Christus war, der Diener in Pflanzengestalt für die vergeistige Kraft des Christus ist. Das Besondere an dieser Pflanze ist, dass sie als einzige den weiblichen Aspekt des Christus-Bewusstseins verkörpert. Es ist die weibliche Seite der Christus-Kraft, die weibliche vergeistigte Sonne. Diese Kraft ist durch das Engelwesen, die Deva des Johanniskrautes, für euch Menschen in der Pflanze erfahrbar, und in der feinstofflichen Essenz wird es spürbar. Stellt die feinstoffliche Essenz her wie gewohnt, füllt sie in eine Sprühflasche mit klarem Quellwasser und sprüht es in eure Aura. Es ist der mächtigste Schutz gegen Strahlenbelastung. Spürt, wie eure geistige Sonne zu strahlen beginnt, und pflegt die Bereitschaft in euch, sie größer werden zu lassen.

In Atlantis wurden für diese Pflanze erst die Keime gelegt. Die geistige Sonne war für die Menschen dort noch nicht in dem Sinne erreichbar wie für die heutige Menschheit. Die Sonne erschien noch in einem milchigen Licht und offenbarte sich nicht mit voller Klarheit. Doch die Priesterinnen in Atlantis hatten eine besondere Beziehung zum Pflanzenwachstum in den lichtdurchfluteten Becken, in denen, schwimmend im Wasser, Pflanzenzellen impulsiert und zum Wachstum angeregt wurden. An dieses Wissen könnt ihr Heutigen anknüpfen. Denn war das Christus-Bewusstsein in der letzten Vergangenheit ein männlicher Aspekt, so wird es die Aufgabe der Zukunft sein, den weiblichen Sonnenaspekt des Christus-Bewusstsein zu finden und auszudrücken. Und dies hat mit der Übertragung der geistigen Kraft des Johanniskrautes auf das Wasser zu tun.

REGENBOGEN UND KRISTALLE

Es gab nicht nur einen Regenbogen in Atlantis, sondern deren viele. Da die Luft von Nebel geschwängert war, leuchtete die Sonne in vielfarbigen Regenbogenkreisen dahinter hervor. So lernten die Atlanter, mit Farben umzugehen. Sie lernten, die Farben des Regenbogens zu reproduzieren, indem sie Kristalle ins Licht hielten und beobachteten, wie sich die Lichtstrahlen an ihnen brachen und in Farben abstrahlten.

Die Naturreiche

Alchemie

Um die Entwicklungen im Sinne der Atlanter weiterführen zu können, ist es notwendig, dass ihr das Wissen der Alchemie mit dem der Forschung zusammenschließt. Der Sinn ist nicht, zu wiederholen, was sie taten, sondern voranzugehen in eine Zukunft, die auf liebendem Wissen über die Natur beruht. Wir wollen uns zunächst der Herstellung von Kristallen zuwenden. Ihr müsst wissen, dass zunächst Feuer vonnöten ist, denn dort, wo ein Stoff von großer geistiger Klarheit in eine transparente und feste Form überführt werden muss, dort muss eine ebenso große bewegliche Hitze gewesen sein, die all das verbrennt, was nicht transparent sein würde. Jegliche Schlacken müssen zunächst aufgezehrt werden. Deswegen haben wir die Feuerwesen, die den erhabenen Hütern der Steine den Weg freimachen, indem sie die Materie so weit erhitzen und reinigen, bis eine Kristallisation des Geistaspektes der Hüterwesen möglich wird. Um selbst Kristalle zu schaffen, müsst ihr diese Bedingungen anbieten. Ihr benötigt Magma, und da ihr die Bedingungen im Erdinneren nicht nachahmen könnt, muss eure geistige Kraft so stark sein, dass ihr in das Magma eine starke reinigende Absicht und eine Einladung an ein Hüterwesen eingebt. Dies kann geschehen durch einen Menschen mit reinem Willen.

Die Kunst der Alchemie hat ihren Ursprung in dem, was die Atlanter anwendeten und wussten. Nicht in Ägypten ist die Alchemie entstanden. Sondern das Wissen über das Wirken in der Natur war die Lehre der atlantischen Forscher. Heute rückt dieses Wissen wieder in den Vordergrund, da die Zeit gekommen ist, das atlantische Wissen auf neuer Ebene mit eurem heutigen Wissen zu verbinden. Weniger von Nutzen wird es sein, mittelalterliche Anschauungsweisen wiederzubeleben, statt direkt den Anschluss zwischen geistigem Wissen und modernem Wissen zu suchen. Es gibt diesen Menschentyp unter euch, der zukunftsgerichtete Vision mit einer Rückerinnerung in tiefste Vergangenheit verbinden kann. Dies wird euch von Nutzen sein, denn Entwicklung bewegt sich stets nach vorne in die Zukunft, schöpft jedoch aus den tiefsten Wurzeln der Herkunft.

Wir müssen durch die Klassen der Natur gehen.

DAS REICH DER KRISTALLE

RUBIN

Farbstrahlen werden am besten über die passenden Edelsteine angewendet. Wenn ihr durch die Tore von Atlantis blickt, seht ihr die Farben Gelb, Blau und reines Weiß. Ihr seht ihre enorme Strahlkraft und spürt sie körperlich, wie sie euch erheben – so hoch ist ihre Schwingung. Im Reich des Äthers sind dies die ersten drei Farben, die weiteren entstehen erst auf tiefer gelegenen Ebenen. So sind die Farben der Seelen Weiß, Gelb und Blau – und erst mit dem Leben auf den dichter werdenden Ebenen gesellen sich die anderen Farben hinzu. Grün ist die Farbe des Lebens auf Erden. Rot kommt durch den Willensimpuls des Ich, der in euch gesenkt wird. Violett entsteht, wenn die Seele sich freiwillig selbst weiterentwickelt und ihre Spiritualität entfaltet.

Die Farbschwingungen sind um ein Vielfaches wirksamer, wenn sie durch einen Kristall geleitet werden. So vermag der rote Rubin die Bildung von roten Blutkörperchen anzuregen, wenn ihr den Stein so platziert, dass das Sonnenlicht durch ihn hindurchfällt. Das, müsst ihr verstehen, kommt daher, dass auch die Edelsteine von großen Geistwesen gelenkt werden, ja wie die äußerste Kruste dieser Geistwesen selbst sind, die in der irdischen Materie erscheint. Die Zusammenarbeit mit diesen Hütern der Kristalle ist schwieriger als jene mit den Devas der Pflanzen, da sie in weit entfernteren Regionen zu Hause sind und nicht so unmittelbar anzusprechen sind.

Ihre Antwort ist mehr wie ein Hall, und ihr müsst achtsam sein, ihn zu vernehmen.

Auf Atlantis rief man die Hüter der Kristalle, indem man in einen klaren Teich blickte und ihr Bild im Spiegel des Wassers imaginierte. Wenn sie erschienen, konnten sie befragt werden, wo und wie Kristalle gelegt werden sollten. Sie übermittelten den Menschen, welcher Stein zu welcher Pflanze passte, weil seine Farbschwingung die Pflanze förderte. Um Pflanzenkrankheiten zu behandeln, könnt ihr die Wirkung sich kreuzender Farbstrahlen, die durch Kristalle fallen, potenzieren, indem ihr sie aufeinander aufbauend in eine Reihe schaltet. Dazu müsst ihr Hohlkörper bauen, an deren Innenseite die Kristalle angebracht sind. Diese Hohlkörper müssen trichterförmig sein, sodass oben viel Licht einfällt, das nach unten hin gebündelt wird. Darein stellt ihr die Pflanze. Die Atlanter hatten, wie gesagt, große unterirdische Becken oder Höhlen, die ausgekleidet waren mit Kristallen. Ihr könnt dies nun an der Oberfläche im Freien tun, denn die Bedingungen sind jetzt ganz andere. Auch braucht ihr weit weniger Kristalle, als damals verwendet wurden. Doch muss eure geistige Kraft der reinen Liebe und des Willens zur Heilung stets beteiligt sein, sonst wird keine Wirkung zu verzeichnen sein.

FEUEROPAL UND BERGKRISTALL

Ein Feueropal muss benutzt werden, um die Energie in einem Kristallkreis anzuzünden. Am besten ist es, wenn er als dreieckige Scheibe geschliffen ist, sodass im Zentrum des weißen Steins die rote Farbe wie ein Feuer auflodert. Legt einen solchen Stein zu Beginn in die Mitte des Kreises, und er wird die Strahlen des Lichtes zunächst in der Mitte bündeln und dann über die drei Spitzen potenziert wieder abstrahlen, was die umliegenden Kristalle initiiert.

Es ist der Geist der Atlanter, der in eurer Zeit wiedergeboren wird. Denn sie waren daran interessiert, eine spirituelle Forschung zu betreiben. Die

46

Farben Weiß, Gelb und Blau sind wie die Farben auf einer Flagge, an der ihr eure Menschheitsgeschichte ablesen könnt. Weiß war der unschuldige Beginn, Gelb die Phase eurer Expansion auf Erden, und nun solltet ihr beim Blau der Weisheit und Güte angekommen sein.

Wenn es regnet und die Tropfen über die hellgrünen Blätter rinnen und auf die Kristalle fallen, die am Boden im Kreis liegen, dort abprallen, sich versprühen in die Gegend und herniederfallen auf den Boden in kleinsten Tröpfchen, so bildet sich, ohne dass ihr etwas dazu tun müsst, wertvolles Edelsteinelixier, das den Boden benetzt. Es ist aufgeladen mit der Information des Wassers, das zunächst Licht aufnahm, dann die Blätter berührte und ihre Information mitnahm und schließlich die des Kristalles antraf, um sie zu absorbieren. So wird der Boden bereitet, um mehr von diesen Pflanzen aufzunehmen, denn er hat ihre Botschaft in potenzierter und durchlichteter, geklärter Form bereits erhört. Wenn ihr an einem Ort mehr Pflanzen einer Art ansiedeln wollt, bereitet den Boden auf diese Weise vor. Legt die Kristallkreise um die Pflanzen, wählt einen reinen Stein wie den Bergkristall und wartet, bis der Regen die Energiebahnen miteinander verbunden und über die Spitzen der Kristalle mit Heilwirkung potenziert hat. Eine so vorbereitete Muttererde ist viel kraftvoller und gerne bereit, mehr dieser Pflanzen aufzunehmen und zu nähren.

Auch im Gemüsebau könnt ihr das so machen. Die Erde wird sehr viel kraftvoller sein.

Wenn Kartoffelkäfer sogar die Auberginen befallen, müsst ihr ihnen sagen, dass das nicht erlaubt sei. Ihr legt um eine Pflanze einen Kreis mit sehr klaren und kraftvollen Steinen wie Diamanten oder Bergkristallen. Ihr richtet eine Sonnenlichtlampe mit zehntausend Lux darauf, jedoch soll nur außen ein Ring aus Licht auf den Kreis der Kristalle fallen. Die innere Kreisfläche der Lampe soll verdunkelt sein, sodass die Pflanze nicht von ihr bestrahlt wird, denn durch die Kristalle potenziert sich die Strahlung und würde die Pflanze vernichten. Die Käfer im Kreis der potenzierten Lichtenergie stehen unter Spannung und fühlen sich nicht wohl. Sobald ihr das Licht und die Steine entfernt, entfliehen sie der unangenehmen Situation.

Das alles kann für einen kleinen Garten getan werden. Große Flächen mit Monokulturen sind von der Natur nicht vorgesehen.

Rauchquarz und Rutilquarz

Der Rauchquarz in seiner dunklen Form ist geeignet, feuchte Böden trockener zu machen. Er korrespondiert mit dem Holz des Wacholderbaumes, sodass beide sehr gerne miteinander sind. Beide können einen torfigen Boden fester werden lassen. Daran müsst ihr denken, wenn ihr den Rauchquarz einsetzt: dass seine Wirkung austrocknend ist. Doch mutet ihm keine schweren lehmigen Böden zu, denn dort fühlt er sich unwohl. Wollt ihr einen schweren lehmigen Boden trocknen, nehmt besser den Rutilquarz, der durch seine hellere, kraftvolle Energie tiefer und klarer eindringen kann, jedoch größere Kanäle im Erdreich schafft. Der Rauchquarz wirkt feiner. Den Rutilquarz könnt ihr vergesellschaften mit einem Schwarzdorn. Der ist ebenso kräftig und vermag die saturnalen Kräfte der Schwere und Zusammenziehung zu verwandeln in reines, weißes, aufstrebendes geistiges Licht. Der Schwarzdorn ist ein Schattenarbeiter, der niederdrückende, feuchtkalte Energien zu unschuldigem reinem Licht zu wandeln vermag. Seine feinstoffliche Essenz könnt ihr zur Therapie bei Menschen verwenden, die in der niederdrückenden Stagnation einer Depression gefangen sind. Bei schweren Fällen gebt ihr die Essenz des Rutilquarzes hinzu, denn sie ist äußerst kraftvoll und kann das Brechen einer Energieblockade hervorrufen, das direkt ins Licht führt. Doch Obacht, bei sensiblen Menschen kann die Wirkung zu stark sein.

Die Essenz eines Schwarzdornes, der mit einem Rutilquarz seit längerer Zeit wächst, ist ideal, denn die beiden Energien der Geistwesen haben sich aufeinander abgestimmt und harmonieren besser, als wenn ihr beide Elixiere miteinander mischt. Dies gilt generell. Am besten lasst ihr die Pflanze zusammen mit einem Kristall wachsen, wenn ihr sie für Essenzen verwendet, denn die Wirkung ist dann äußerst klar und direkt. Was die Essenz des Wacholders mit dem Rauchquarz betrifft, so ist sie geeignet, weinerlichen Menschen, die in Emotionen zerfließen, die fehlende Trockenheit und das Quäntchen Feuer zu geben.

Für alle Dinge gilt jedoch, dass ohne eigene Selbsterkenntnis nicht viel bewirkt werden kann.

Ich spreche zu euch von diesen konkreten Dingen, damit ihr beginnt, in die Forschung einzusteigen.

OPALGLAS UND DIE FRUCHTBARKEIT DER ERDE

Konzentriert euch auf die aufsteigenden Elemente, jene, die von Mitternacht bis Mitternacht aus der Quelle des Lebens geschöpft werden.

Der Blick wird erst langsam klar. Wir blicken durch ein Opalglas, zum Beispiel ein Achat, auf eine rauchende Landschaft, deren Vulkane Dämpfe spucken. Schwarze Lava, graue Asche und das orangerote Glühen des Feuers. Und das milchige Weiß der Dämpfe. Dies sind die ursprünglichen Farben der Erde, wie sie im Opalglas eingefangen sind. So bildet der Opal die ursprüngliche Erde ab. Daher müsst ihr den Opal einsetzen, um die Fruchtbarkeit des Bodens zu erhöhen. Stellt hierfür die Opalglasscheibe so auf, dass das Sonnenlicht hindurchfällt auf die betreffende Region oder Pflanze. Da der Opal sanft ist und dennoch die Erinnerung an die ursprüngliche vulkanische Kraft in sich trägt, ist die Wirkung sanft, aber effektiv.

Opalglas in Form eines trichterförmigen Lampenschirmes könnt ihr benutzen, um Fallout abzuschirmen. Er hält es ab wie ein Schirm die Asche des Vulkans.

DIE FARBEN DER STEINE

Die Farben der Steine sind sehr wichtig, da sie Schwingungsfrequenzen repräsentieren. Der durchsichtige Stein klärt oder schneidet und ist völlig objektiv, manchmal jedoch auch scharf. Der weiße Stein schützt und nährt und reinigt, bis der Zustand der Unschuld wiederhergestellt ist. Der gelbe Stein steigert die geistige Beweglichkeit und die Schnelligkeit des

Austauschs von Stoffwechselprozessen. Der orangefarbene Stein erhöht die Wärme und die Lebensfreude und auch den Umsatz von Reinigungsprozessen. Der rote Stein setzt an der Basis an und erhöht die Lebenskraft an sich, kann aber zu heftig wirken. Der grüne Stein kühlt und gleicht die Stoffwechselprozesse aus, der blaue Stein lindert Entzündungen und erhebt die Seele in die Weite, der violette Stein schenkt absolute Ruhe und öffnet die Seele. Auf das Wirken in der Natur bezogen ist alles zu übersetzen.

DER SCHWARZE HOWLITH

Der schwarze Howlith sammelt Sternenstaub, um die Weite des Sternenhimmels einzufangen. Er ist ein Stein, der versucht, vor allem den dunklen Raum zwischen den Sternen einzuholen, um dessen Energie auf die eigene greifbare Form zu konzentrieren. Denn die wolkenförmige Energie im Raum zwischen den sichtbaren Sternen ist sehr schwer fassbar, da sie sich ständig verändert und bewegt. Durch diesen Stein könnt ihr in eine Umkehrwelt blicken, und das könnt ihr nutzen, um Energie zu erzeugen. Der schwarze Howlith wird auf ein weißes Tuch gelegt, das Tuch wird über ihm zusammengebunden und der Stein in ein Erdloch gelegt, das jedoch nach oben offen bleibt. Scheint der Mond darauf, so wird der Stein durch die Lichtstrahlen angeregt und fühlt sich vom Weiß angezogen, möchte es in sich hineinziehen. Dabei kommt es zu einer Umstülpungsreaktion, und die Energie strömt aus dem schwarzen Kanal, den der Howlith darstellt, nach außen. Das weiße Tuch übersetzt die Energie in geordnete Strahlung und lässt sie ins Erdreich einsickern. So könnt ihr einen Boden magnetisieren, damit er mehr Metallionen an sich bindet und die Flüssigkeitsweiterleitung rascher vonstattengeht. Auch wird das Wachstum der Wurzeln von euren Pflanzen in die Tiefe angeregt.

Der Hüter des schwarzen Howlith ist ein Wächter aus einem anderen Universum, doch der Stein wurde zur Erde gesandt, um die Transformation von dunkler Energie in Energie unseres Universums zu ermöglichen.

Stört diesen Stein niemals, und haltet eure Gedanken fern von ihm. Er arbeitet ohne euer Zutun und darf nicht beeinträchtigt werden. Bereitet auch keine Essenz von ihm. Er würde die magnetischen Flüsse eures Körpers umpolen, da er Energie umpolt. Er ist jedoch zur Energetisierung der Erde ganz wesentlich. Wühlmäuse fühlen sich von ihm angezogen, können jedoch Schaden an ihm nehmen. Daher solltet ihr in einigen Metern Entfernung einen Ring aus Bergkristallen um ihn legen. Sie neutralisieren seine Anziehungskraft, nicht jedoch seine Fähigkeit zur Umwandlung.

Der Blue-Lace-Achat und die Delfine – der Leopardenopal

Die Farben des Blue-Lace-Achat stehen für die Arbeit mit Delfinen, die durch eine besondere Kommunikation gekennzeichnet ist. Kommunikation, die nur durch eure Gefühle geleitet ist, ist eine ganz neue Herausforderung für euch. Der blaue Stein fördert das Eintauchen in jene Welt für die, die keine Delfine besuchen können, um von ihnen zu lernen. Wir stellen diese Hilfe jedem anheim, der mit den Wesen des Naturreichs der Tiere kommunizieren möchte. Ihr werdet gewisse Tierarten bitten müssen, Samen entsprechender Pflanzen an andere Orte zu tragen und so für ihre Verbreitung zu sorgen. Der Meister dieses Steins ist ein gütiger und mächtiger geistiger Führer, der großen Einfluss auf die Welt der Gefühle hat. Zunächst solltet ihr mit ihm Kontakt aufnehmen. Versucht dazu, in den Stein einzutauchen und euch auf diese Ebene tragen zu lassen. Lasst euch sodann tragen zu der Ebene der Tierart, die ihr aufsuchen wollt, und bittet dort wie mit einer Woge liebevoller Zuwendung, wie ein höflicher Gast, um Zutritt. Zeigt dem Tier die Pflanze im geistigen Bilde, ermuntert es durch freudige Gefühle, davon zu kosten, und zeigt ihm die Route der Verbreitung. Das Geheimnis der Routen der Tierwanderung ist ein anderes Kapitel, das zu erforschen bleibt. Wer von euch ein Haustier besitzt, der versuche, durch den Stein der Delfine seine Gefühle nachzuvollziehen zu bestimmten Themen. Die Intelligenz der Elefanten könnte genutzt werden,

Afrika zu begrünen mit den passenden Pflanzen. Es wäre auch möglich, sich in den Geist der Tiere einzustimmen und zu erkennen, welche Pflanzen zum Habitat gehören, doch dies vermag nur ein Meister des Leoparden-opals, der durch ihn wie durch ein Milchglas in den Geist der Tiere blicken kann.

Für den Anfang sei es genug, mithilfe des Delfinsteins in die Gefühle eurer Tiere einzutauchen und so zu erfahren, welche Pflanzen in dem Gebiet durch Fressen verbreitet werden und welche zurückgedrängt werden sollen.

DER HÜTER DES SERPENTINS UND DIE GESTEINSFORMATIONEN UND BAUMARTEN

Der Serpentin wird oft zweckentfremdet, nämlich wie ein Baum behandelt, an dem nur die Schichten der Ringe betrachtet werden. Man vergisst, dass der Serpentin einem uralten Hüter untersteht, der für die Entwicklung der Erde maßgebend war, als sich die Arten der Bäume ausbreiteten. Dieser Hüter wusste über die Gesteinsformen und -verteilungen auf der Erde Bescheid und konnte daher die Devas der Baumarten an die geeigneten Plätze zuteilen. Er ist somit für die Vielgestaltigkeit einer Flora zuständig – deshalb erscheint der Serpentin in so vielen Schichten und so vielfältig. Er hält sämtliche Informationen über Baumgesellschaften in sich. Ihr solltet den Serpentin wählen, wenn ihr euch unsicher seid, welche Arten von Bäumen in welcher Zusammensetzung in einem Gebiet zu fördern seien. Setzt euch auf die Erde. Legt einen Kreis von Serpentinen um euch herum. Fühlt euch in die Erde ein und erbittet Information über die Zusammensetzung des Gesteinsbodens der Region. Bittet den Hüter, euch zu zeigen, welche Bäume hier vergesellschaftet sein sollten. Wollt ihr die Bäumchen anziehen, so legt in Abständen Serpentine aus, denn der Hüter ist wie kein anderer dazu in der Lage, die Devas zur Zusammenarbeit zu verknüpfen. Wenn ihr über die Gesteinsformation eines Gebietes im Unklaren seid, nehmt den Serpentin in die Hand und meditiert, bis in eurem Bewusstsein Klarheit aufsteigt und ihr die Erde fühlen könnt. Der Serpentin ist für Menschen mit kalten Füßen geeignet, denn er stellt ihre Verbindung zur Erde wieder her und bringt ihnen die Wärme des Holzelementes näher.

Kommt ihr in ein Gebiet, wo Monokulturen von Wald angepflanzt wurden, müsst ihr einen sehr großen Serpentin verwenden. Er wird ungeheure Kraft brauchen, um den Block aus Energie zu sprengen und wiederum andere Devas einzuladen, den Platz aufzulockern und zu heilen. Es kann sein, dass der Stein, weil er enorme Energie aufwendet, selbst dabei springt. Gebt ihn der Erde zurück und fahrt dennoch fort, denn Monokulturen sind wie blockierte Flecken auf der Erde, die ihre Haut taub und stumpf machen. Der Serpentin kann die Vielfalt wiederherstellen.

Um den Hüter des Serpentins anzurufen, solltet ihr einen Biologen oder Forstwirtschaftler beauftragen, denn hier ist ein Geist vonnöten, der ernsthaft an der Erforschung der Vielfalt der Arten und der Pflanzengesellschaften interessiert ist – er wird den Hüter überzeugen, sich auf eine Mitarbeit einzustimmen.

TECHNOLOGIE IM EINKLANG MIT DER NATUR UND DER DIAMANT

Jene Reise zum Tor von Atlantis soll nicht zum Vergnügen geschehen, sie soll Möglichkeiten zeigen. Die flachen Gebäude, die wie die lamellenartig übereinanderliegenden Hüte eines transparenten, erleuchteten Pilzes aussehen, gehören zu Städten, die mit einer ganz unschädlichen Technologie beleuchtet werden. Es ist eine Art Solarenergie, wie alles auf diesem Planeten von der Energie der Sonne gespeist wird, doch gibt es keine sichtbaren Solarmodule. Im transparenten Material der Außenhaut des Gebäudes selbst sind winzige Zellen, die die Lichtenergie einfangen und wie Kristalle wieder reflektieren. In diesen Kristallzellen liegen mitochondrienartige Strukturen, die wie Kraftwerke die Lichtenergie speichern, sogar verdoppeln, um sie später wieder freigeben zu können. Die Städte eurer Zukunft werden daher von transparenten Gebäuden, die in organischen Formen wachsen, geprägt sein. Ihr werdet das Gefühl haben, stets inmitten der Natur zu sein, denn das organische Material verursacht kein Empfinden der Trennung, weil es keinen Energiestau gibt. Die Gebäude eurer Städte werden inmitten von großen Waldoasen oder Grasland liegen, sodass es keinerlei Entfremdung von der Natur geben wird. Dies sind die Lektionen, die ihr seit der langen Zeit auf Atlantis gelernt haben solltet. Orientiert euch beim Entwurf dieser Gebäude am Bau der Pilze mit ihren Lamellen und Hüten. Die Lamellentechnik wird ein Vielfaches der Vervielfältigung an Energie und Belüftung ermöglichen. Die Physiker sollten sich damit beschäftigen, wie die Struktur lichtbrechender Kristalle in eine Zelle eingefügt und auf dem Hintergrund eines silbernen Spiegels reflektiert werden kann. Der Diamant ist das erste Beispiel, an dem ihr euch hierbei orientieren solltet. Er liefert euch in seiner Klarheit ein Modell für die Lichtbrechung, das nicht verbessert werden kann. Reinweißes Licht des Diamanten kann für eine Lasertechnik verwendet werden, die in der Medizin ihren Nutzen hat. Sie kann auch auf sanfterer Stufe als schmerzfreie Weise der Akupunktur angewendet werden. Mit dem Lichtstrahl eines farbigen Kristalls kombiniert, kann die wertvolle Farbtherapie von euch genutzt werden.

Ihr braucht nicht eure Intelligenz und euer Wissen zu verleugnen – es geht darum, dass euer Tun von tiefer Liebe zum Planeten Erde getragen wird. Es ist nur ein einfacher Schritt dorthin, der euch in absoluten Einklang mit dem Planeten und seiner Ökologie bringen wird. Der Diamant ist ein Stein, mit dem ihr jede Vernebelung eures Geistes erkennen und diese Wahrheit in absoluter Klarheit in euren Geist senken könnt. Nutzt ihn, um notwendige Selbsterkenntnis zu gewinnen.

Das Reich der Pflanzen

Bäume und der Wald

Ahorn und Akazie – Austrocknung in den USA

Bäume erhalten ihr Wissen nicht aus denselben Reichen wie die Menschen. Sie sind weit ältere Wesen, und sie haben ihre Wurzeln in anderen Dimensionen. Sie sind gekommen mit einer Schwinge ihres Wesens, den Menschen zu beschützen in seiner räuberischen Unruhe. Auf der neuen Erde wird der Baum sein, wo der Mensch ist, und des Menschen Leben wird sich ihm anpassen. Und die großen Urbilder der Bäume werden wieder inkarnieren können in den Gebirgen und auf den großen Steppen.

Rotes Laub des Ahorns wird von einem Sandsturm hinweggefegt. Es gibt in den USA eine Austrocknung des Bodens, und der Ahorn wird sich zurückziehen. Der Ahorn gab Feuchtigkeit, und in seiner klebrigen Süße speicherte er sie für den Planeten, doch die Bodenaustrocknung zwingt ihn, sich nordwärts zurückzuziehen, da der Wind so heiß ist, dass der Boden wie Wüstensand aufgeheizt und hinweggeblasen wird. Ihr müsst im Süden andere Bäume pflanzen, die Robinie und die Akazie, die mit der Wurzel tiefer reichen und nicht so viel Fläche bieten. Die gelben, klebrigen Blüten speichern etwas Feuchtigkeit, jedoch nicht so viel.

Birken und Pappeln – Besiedlung in den Rocky Mountains

Vor der erhabenen Erscheinung der Rocky Mountains ziehen Flüsse talwärts, an deren geröllhaltigen Ufern unzählige Birken und andere Bäume stehen. Sie sind mit den Gletschern der Eiszeit hierher gewandert und siedelten sich an den Strömen des abfließenden Gletscherwassers an. Sie sind die ersten Begrüner einer baumlosen Gegend. Denn wir müssen den Weg verfolgen vom baumlosen zum bewaldeten Gebiet. Die größtenteils baumlosen Orte wie die Insel Island, wie Schottland und die Mongolei sind Orte der Stille, wo der Mutterboden sich öffnet und der Mensch zu sich kommen kann, weil der Ort frei von verschiedenen Energien ist. Die bewachsenen Teile sind vielfältiger und unruhiger, da alle Lebensformen ihre eigene Energiegeschichte mitbringen. Die Birken und Flusspappeln waren gekommen, der stillen Landschaft eine helle, freundliche und aufgelockerte Leichtigkeit zu bringen. Die Deva der Birke ist spielerisch gesinnt, und ihre gelbgrüne, leuchtende Farbe bringt alle stockenden, schweren Stauungen in Fluss. Fühlt ihr euch wie verstockt und gestaut, sucht einen Flusslauf mit Geröll auf, in dem Fische springen und an dessen Ufern die Birken und Pappeln wachsen. Gebt euch in die Wasser wie ein Fisch, der mit dem Strome springt und spielt in den Wellen, und nehmt die Farbe des Hellgrüns und Gelbgrüns in euch auf, die Farben der Lachse – die Fische, die zu dieser Gesellschaft gehören – und auch die der Forellen.

Wie mächtig sind die Rocky Mountains! Ihre Devas sind die Hüter der Mineralien. In den Tiefen der Berge liegen davon ungeheure Vorkommen, die vom Menschen nicht erreicht werden können. Es sind gewaltige Größen, Antennen, die den Planeten ausrichten und strukturieren. Die Devas der Mineralien schweigen in ihren erhabenen Höhen, und sie lehren die Menschen Ehrfurcht und Klarheit des Geistes. Nicht vor dem Berg an sich empfindet ihr Ehrfurcht, sondern vor der Erhabenheit und Klarheit seines Geistwesens, die ihr wahrnehmt. Die Tannen und Fichten, die bis in die Höhen hinaufsteigen können, ermöglichen mit ihren Harzen, dass der Mensch diesen erhabenen Devas nahe kommen kann, indem er die Harze räuchert und sich mit der Klarheit des Geistes verbindet und hinaufschwingt in die Höhen.

Die Eibe und der Rabe

Die Eibe – ein Baum, der die Verbindung zwischen den Welten betont. Zwischen dem Reich des Himmels und dem Reich der Erde gehen die auf- und absteigenden Seelen auf der Achse seines Stammes entlang. Es hieß einst, die Eibe sei der Todesbaum, sie ist aber der Baum der Verbindung der auf- und absteigenden Seelen, die durch das Tor der Transformation in einen Körper hinein- oder aus ihm herausgehen. So ist die Eibe der Vermittler, wenn ihr mit Seelen in der jenseitigen Welt sprechen möchtet. Sie ist das Tor der Transformation.

Der Rabe pickt in der Grasnarbe, und seine Augen mit dem ruckartig sich bewegenden Kopf huschen flink umher, glänzend wie schwarze Knöpfe. Man nennt ihn den Todesboten, weil er eine Energieform vertragen kann, die ihr Menschen scheut: die Schwelle in die Welt der Verstorbenen, die euch wie der Sog in eine schwarze Höhle scheint. Der Rabe ist der Hüter zur Anderswelt, er kann den Spiegel zerpicken, der euch von dieser Welt trennt. Fliegt mit ihm.

Die Ulmen

Die erhabenen Ulmen standen auf einem Hügel, drei an der Zahl. Es war zur Zeit der Kelten, als man in ihnen Wächter über das Dorf sah. Sie waren drei Schutzgeister, die über das Dorf wachten. Sie leiteten Blitze ab und lenkten Unwetter vorbei.

Der Wächter des grünen Haines betrat durch die grüne Türe das Rundhaus der Bäume. Im Inneren des Tempels lachten und tanzten die Elfen und Feen, und Speisen aus dem Wald wie Beeren und Blätter wurden aufgetragen. Es spielte eine Musik von zirpenden Grillen, und der Wächter berichtete, wie viel Wild er erlegt hatte. Er trank den bitteren Beerenlikör und dankte der Göttin des Waldes, die ihn für ein weiteres Jahr zum Waldhüter bestimmte. Der Wald würde für ein weiteres Jahr dem Dorf Nahrung spenden, und der Wächter dankte dem Waldvolk, indem er kleine, süße Haferkekse brachte, die es gerne aß. Die Ulmen bildeten stets die Kathedralen, in denen solche Feiern stattfanden und das Waldvolk Rat mit seiner Königin hielt. Wenn ihr drei Ulmen seht, wisst ihr, dass es sich um einen Tempel, einen heiligen Hain handelt, in dem ihr mit dem Waldvolk Kontakt knüpfen könnt. Bringt ihm Geschenke, und es wird die drohenden Wassermassen umlenken und leiten können, indem es die Naturgewalten verteilt.

Die Sonnenblume – Anbau im Ural

Die Sonnenblume ist gewissermaßen eine Schwester eines Solarkraftwerks, das zugleich Energie speichert. Ihr tut gut daran, die Kerne zu essen, doch wisset, dass die Sonnenblume in weiten Gebieten des Ostens angebaut werden sollte, um den Energiebedarf zu decken. Sie kann in den Steppen angebaut werden, denn sie benötigt trockenes Klima. Sie wird den Boden fruchtbarer machen, denn sie bildet viel Humus. Das Öl der Sonnenblume ist sehr energiereich und muss als Energiespeicher angesehen werden, der verschiedenste Funktionen erfüllen kann. In den großen Steppen angebaut, gibt es so viel davon, dass ihr damit heizen könnt, und die Rückstände dienen dem Vieh als Futter, was wiederum Dünger gibt, der die Böden fruchtbarer macht. So werdet ihr die Steppen langsam auffüllen können mit fruchtbarem Land, das die Ansiedlung von Dörfern erlaubt. An den großen Gebirgsketten des Ural können die Sonnenblumen angebaut werden, und während die großen Städte im Westen vergehen, bilden sich Gemeinschaften von Dörfern in den früheren Steppen. Menschen von überall aus der Welt kommen dorthin, um eine neue Art der Gemeinschaft zu erbauen. Freiwillig wird vieles in Handarbeit verrichtet, und an den Eckpunkten eines Dorfes halten große Kristalle das energetische Feld. Auch aus Lehm lassen sich kuppelförmige Häuser in den großen Steppen bauen, die einfach zu handhaben sind, geschützt vom Wind und doch angenehm zu bewohnen. Diese kuppelartigen Häuser könnt ihr mit dem Öl der Sonnenblume heizen, die ihr auf dem Feld selbst anbaut und die euch als Speisevorrat dient. Ihre große Blattmasse wird benutzt, um den Boden zu bedecken.

Bitte versteht, dass in der Übergangszeit die Wohnmöglichkeiten sehr einfach sein werden, da eure Kenntnisse verroht sind und ihr den Umgang mit handwerklichen Fähigkeiten erst wieder erlernen müsst. Ich spreche zu euch über die Steppe des Ostens, weil dort viel freier Raum ungenutzt brachliegt und dem Niedergang der Städte eine Wanderung gen Osten folgen wird. Wohl dem, der jetzt beginnt, seine Kenntnisse aufzufrischen und sich auf einfache Methoden der Konservierung von Pflanzen versteht. Auch darüber werde ich zu euch sprechen, doch zunächst müssen Basisfähigkeiten erklärt werden. Es wird morgen um die Fähigkeit gehen, einen Samenkern zum Keimen zu bringen.

Der Keimling sendet seine Blättchen der Sonne entgegen wie einen Schirm. Das Samenkorn in der Erde ist der Vorratsspeicher, aus dem er schöpft. Die sich ausbildende Wurzel dient dazu, weitere Nahrung zu erhalten und sich zu verankern sowie in Kommunikation zu sein. Diese drei Bereiche müsst ihr berücksichtigen. Billiarden Keimlinge bedecken die raue Muttererde. Sie bilden einen Schutzschirm, der wie ein Mikrofilm energetisiertes Licht in den grünen Blättchen speichert und so ein Mikroklima erschafft, einen lebendigen Austausch zwischen dem Blätterdach und dem Mutterboden. Die Gegenwart der Blättchen schafft einen besonderen Raum, von ionisierter Luft belebt und beseelt, in dem Wassermoleküle aufsteigen und zirkulieren können. Das ist die Grundvoraussetzung von Leben, dass Wasser zirkulieren kann, weil es ein energetisiertes Feld vorfindet.

Die Kristalle schufen ein solches Feld als erste, denn durch ihre Gegenwart, die sich kristallisierte, entstanden stabile Felder, die ihrerseits Energiefelder mit Potenzialgefälle schufen. Auf diesen Feldern der Anziehung wurden weitere Energieflüsse angezogen, die dann wiederum Ionen, Moleküle anzogen, die in der Anziehung der Felder Gestalten abgeschlossener Zellen bildeten. So entstanden die Gewebe, die sich aus Zellen zusammenschlossen, um größere Einheiten zu gestalten. Die Kristalle waren die Impulsgeber des Lebens auf Erden.

Als nun die Pflanzen bereits eigenständig sich reproduzierende Gestalten gebildet hatten, brauchten sie dennoch die Orientierung durch die Felder, die von Gesteinen und Kristallen gebildet wurden. Wo Pflanzen sich verwurzeln und keimen, hängt von dem energetischen Feld ab, das sie im Boden wahrnehmen. Das Samenkorn ist ein Speicher, der an der richtigen Stelle im energetischen Feld des Gesteins sich verwurzeln will. Daher müsst ihr verstehen, wie das Feld aufzufinden und vorzubereiten ist.

Die Entstehung des Lebens ist ein Eindruck, der gemacht wurde, um Bewegung und Fluss auf einem Feld zu erzeugen. Ihr habt Schwierigkeiten, Leben zu definieren, weil nicht geklärt ist, wie die für euer Auge unsichtbaren, aber energetisch wirksamen Eindrücke die magnetische Unterlage für den Zusammenschluss von Molekülen sind. Die energetischen Grundlagen aber sind das, was man Geistwesen nennt. Sie sind Aspekte des Willens, die aus der Quelle ausgingen, sich auszudrücken. Die Quelle erfährt Sein in allen Stufen sich verdichtender Energie, und am äußersten Rand der von der innersten Quelle ausstrahlenden Kugel Göttlicher Energie ist die Manifestation fester Materie gegeben, die die für euch sichtbaren Dimensionen erschafft. Doch auch die müssen als Grundlage ein magnetisches Feld besitzen, das die Materie dazu bringt, Moleküle zu bilden, die sich ihrerseits zusammenlagern und eine Gestalt bilden. Der Wille der Quelle ist die ausstrahlende Energie, die den Willen zu gestalten mitbringt, die Liebe der Quelle ist das magnetische Feld, das die Energie anzieht, sich auf ihm zur Gestalt zu verdichten.

So kamen die erhabenen Geistwesen weit entfernter Regionen herbei mit dem Wunsch der Quelle, den Planeten üppigen Lebens in materieller Dichte zu erschaffen, und prägten sich als Vorbereiter des Bodens der Magmamasse ein. In den ungestalten Körper brodelnder Masse verdichteter Energie prägten sich die klaren und reinen Aspekte der erhabenen Geistwesen ein und verweilten mit ihren Bewusstseinsfeldern darin. Dies war ein großes Opfer, doch sie brachten es in Liebe dar, denn es erforderte viel anhaltendes Bewusstsein, dort zu verweilen und die Masse in eine allmähliche Strukturierung zu überführen. So entstanden die Gesteine und die Kristalle, derweil die Verdichtung und Erkaltung fortschritt.

Noch heute sind die erhabenen Geistwesen mit ihren Energiefeldern anwesend, doch haben sie sich weiter zurückgezogen, da nun andere Wesenheiten mit dem Wunsch der Quelle nach Leben ausgeschickt wurden. Es waren die Geistwesen komplexer Systeme, die weit entfernt von unserem eigenen irdischen System liegen und die als Hauptaufgabe weit komplexere Tätigkeiten haben, die aber als Nebenaufgabe die Felder für einfache Lebensformen der Meere auf diesen Planeten einbrachten. Sie bildeten die vorbereitenden Felder für die Zusammenschließung zu größeren Feldern, in denen die anmutigen, weit spezielleren und persönlicheren Wesenheiten sich schließlich niederlassen konnten, um die Evolution der Pflanzen zu beginnen. Der Wille, Gestalt anzunehmen, erzeugte ein Feld, auf dem sich die Algenzellen zusammenschließen konnten, und der Wille zur vielfältigen Ausgestaltung zog die verschiedenen Devas der Pflanzen herbei, die sich ein Feld zu eigen machten und darauf ihre Eigenart entfalteten.

Daher müsst ihr beim Umgang mit Samen stets daran denken, dass ihr ein potenziell unglaublich starkes Energiefeld in Händen haltet, das sich in noch eingefaltetem Zustand befindet. Es sucht den richtigen Unterboden, der einst durch die erhabenen Geistwesen bereitet und durch die fernen Geistwesen zusätzlich erfüllt wurde. Jeder Same sucht nach der für ihn passenden Gesteinsschicht. Wenn ihr nicht durch Erfahrung bereits wisst, auf welchem Gestein der Same zu wachsen gedacht ist, so experimentiert mit kleinen Feldern aus Gestein und Kristallen, auf denen ihr die Samen zum Keimen bringt und beobachtet, wie sie sich verhalten. Variiert die Kristalle, und ihr werdet sehen, wie sich der Keimling ausrichtet. Ihr braucht dieses Wissen, um verödetes und verstrahltes Land wieder belebbar zu machen. Denn ihr müsst die Felder erneut errichten und die Geistwesen bitten, eine Heilung des Gebietes mitzutragen. Verstrahlung heißt, dass die unterliegenden Felder zerstört wurden.

DAS REICH DER TIERE

DAS WISSEN DER BIENEN

In den geistigen Reichen von Atlantis ist es weiter als gewohnt im irdischen Reich. Wir kommen in die riesigen Hallen der Bibliotheken von Atlantis. Es sind Hallen im Luftreich, die über den Reichen des ewigen Wassers schweben. Es gibt die riesigen hohen weißen Wände, die in gotischen Bogen spitz zulaufen und in denen die Regale mit den Büchern eingelassen sind. Das Wissen von Atlantis müsst ihr nun aufschlagen, wenn ihr durch das ätherische Tor geschritten seid.

Der Name des Buches lautet: Das Wissen der Bienen um die Vorsorge der Zukunft – Die Bienen als Wächter von Atlantis und der kommenden Zeit.

Nehmt das Buch aus dem Regal, alle Bücher sind weiß mit goldener Schrift. Tragt das Buch zu einem der großen weißen Lesetische und schlagt das erste Kapitel auf. »Wie die Bienen einem Volk Stolz verliehen.« Es erzählt, dass auf Atlantis ein König herrschte, der seinem Volk keinen Mut zutraute. Er wohnte in seinem goldenen Schloss an den hängenden Gärten des goldenen Stromes und hielt honiggoldene Bienen, die so groß wie Vögel waren, in den umfriedeten Mauern seiner Gärten. Das Volk durfte die Bienen nicht sehen, denn der König glaubte, die Leute liefen schreiend davon, wenn sie sie sahen. Vor allem aber fürchtete er, ihres Glanzes und ihres lebensvollen Brummens verlustig zu gehen, sollten die Bienen in die Häuser seines Volkes umsiedeln. Denn sie waren die Spender von Lebenskraft, Wesen aus einem anderen Reich des Universums, gesandt, um der Natur der Erde unermessliche Lebenskraft zu geben, so wie es auf ihrem Heimatplaneten der Fall war. Die Körper der Bienen nahmen sie an, um die lebenspendenden Kräfte der Blüten zusammenzuführen und in einem alchemistischen Ritual umzuwandeln in flüssiges Gold. Dies nannte man den Stein der Weisen, doch der König war angehalten, seinem Volk davon nichts zu verraten. So wusste niemand das Geheimnis. Der König sammelte das flüssige Gold, den Stein der Weisen, in tönernen Töpfen in den Kellern seines Schlosses und teilte es unter den Kranken seines Volkes aus, wie die Bienenwächter ihm geraten hatten.

Doch die Bienen eröffneten ihm durch einen Abgesandten, einen mächtigen Engel mit großen goldenen Flügeln und honiggoldenem Haar, dass die Zeit gekommen war, die Mauern zu öffnen, denn für das Fortbestehen und Steigern der Lebenskraft mussten nun auch die Blumen außerhalb des Schlossgartens in das alchemistische Ritual eingebunden werden. So sah sich der König gezwungen, die Mauern zu öffnen. Die Menschen blieben staunend stehen, als sie die brummenden, surrenden riesigen goldenen Vögel durch ihr Land fliegen sahen. Manche hatten Angst, denn die Königin schien in einem rubinroten Panzer über den Himmel zu schwirren und war sehr furchteinflößend. Doch stets kehrten die Bienen abends in ihre Körbe im Schlossgarten zurück.

So ging es viele Jahrzehnte, und der Kontinent blühte und gedieh in üppigster Pracht.

Doch dann kam der Tag, wo Gott dem Engel sagte, er müsse das Volk aufsuchen und ihm eröffnen, dass die Zeit gekommen sei, wo es selbst für die Lebenskraft und Fruchtbarkeit des Planeten zu sorgen habe. Der König weinte und schrie, als er das hörte, denn es bedeutete, dass die Bienen, seine liebsten Freunde, von ihm abgezogen werden würden. Er fühlte sich aller Lebenskraft beraubt und wollte nicht mehr leben. Da hatte Gott Erbarmen und gebot dem Engel, eine kleinere Sorte Bienen zur Unterstützung auf die Erde zu senden. Sie sollten den Menschen bei ihrer Aufgabe helfen. Sie waren weit weniger königlich und auf die Pflege und Hilfe der Menschen angewiesen, doch wenn nur ein Mensch ihnen das Verweben und Vernetzen der Blütenkräfte gewährte, so produzierten sie ein flüssiges Gold, das ebenso geeignet war zur Stärkung der Lebenskräfte.

Der König starb und hinterließ die Bienenstöcke seinem Volk. Viele Menschen wurden Imker, und Atlantis blühte und gedieh.

Nun war es an der Zeit, dass auch die anderen Kontinente ihre Blütenkräfte mit denen von Atlantis verbanden, denn es sollte eine einheitlich fruchtbare Erde geschaffen werden. Doch die Menschen erfanden Gifte, die die Bienen töteten. Sie suchten so viele Jahrtausende nach dem Stein der

Weisen und hatten ihn doch vor Augen. Die Bienen sind Abgesandte aus einem anderen Reich des Universums, gesandt, die Lebenskraft zu erhalten. Das erste Augenmerk muss sein, sie bei ihrer Aufgabe zu unterstützen. Das Verweben und Vernetzen der Lebenskräfte von Blüte und Baum darf nicht unterbrochen werden, sondern muss vorangehen, um die Arten zu erhalten. Die Bienen können weiterhin von Atlantis berichten, denn sie haben lange dort gelebt, bevor sie die anderen Kontinente besuchten. Sie sind die Sonnenwächter, die Blei in Gold verwandeln, die das Lebenstötende zum Lebensstärkenden zu wandeln vermögen.

Ich sage euch dies, damit ihr euch bewusst werdet, dass das Leben der Bäume und Pflanzen mit dem der Bienen verwoben ist. Auf Atlantis war man deswegen Pflanzenzüchter und -gestalter, weil man mit den Bienen zu arbeiten vermochte und die Gunst dieser hohen Wesen zu gewinnen trachtete.

Wir haben nicht umsonst einen Imker zu euch gesandt.

Betet für die Bienen, denn sie haben es schwer, gegen die Gifte anzukämpfen. Sie brauchen eure Unterstützung, so wie sie euch einst bei der Besiedlung der Erde unterstützten.

BESIEDLUNG VON LAND MITHILFE DER BIENEN UND PFLANZENZÜCHTUNG MIT KRISTALLEN

Die Moose und Flechten werden den neuen Kontinent als Erste besiedeln. Ich sprach gestern von den Bienen, um euch zu erinnern, sie auf den neuen Kontinent zu bringen, damit sie ihre Arbeit tun können und den Prozess der Besiedelung um ein Vielfaches beschleunigen. Den kleinen, bescheidenen Blütenpflanzen werden größere folgen, Büsche können sich ansiedeln und Grasarten die Erde und Stein bedecken. Dann ist die Zeit, wo ihr die Bienen befragen müsst, welche Pflanzen als Nächstes angesiedelt werden sollten. Denn die Bienen werden den energetischen Samen, den ihr in die Erde einbringt, durch die Lüfte vernetzen und so die Bahnen schaffen, auf denen die Pflanzen kommunizieren können. Wenn ihr eine Pflanze in die Erde einsetzt, so bittet ihr wie beschrieben eine Deva, sich mit ihr zu verbinden und die Ausbreitung zu ermöglichen. Die Bienen befragt ihr, in welche Richtung sich das energetische Netzwerk ausdehnen soll, um das Land zu überspannen. Die Bienen legen durch ihre Fluglinien die energetischen Netzwerke fest – sie passen ihren Flug den Gegebenheiten an. Passt ein energetischer Same einer Art nicht zu der Bodenbeschaffenheit, so fliegen sie diesen Ort nicht an, um dort keine Vernetzung zu schaffen. Auf diese Weise könnt ihr euch bei der Auswahl von Siedlungsgebieten überall auf der Erde orientieren.

Bei der Züchtung neuer Pflanzen geht ihr wie folgt vor:

Habt ihr beispielsweise ölverseuchtes Erdreich, so bringt eine Pflanze mit erfolgversprechenden Eigenschaften darauf, beispielsweise die Agave. Zuvor jedoch bringt auch einzellige Organismen, Bakterien, in die Erde ein, die bewiesen haben, dass sie Öl verstoffwechseln können. Die Pflanzenpriester und -forscher legen nun einen Kreis von passenden Steinen wie Bergkristall oder Zirkon um dieses Gebiet und setzen sich im Kreis darum. Dann ist es von großer Wichtigkeit, in eine tiefe Meditation zu gehen, in der die Pflanzenforscher mit inniger Liebe die Deva der Pflanze bitten, die Bakterien in die Wurzelzellen der Pflanze aufzunehmen. Beschreibt der Deva mit einem Strom gefühlsgetragener Bilder, wozu dies nötig ist, und schenkt ihr tiefen Respekt und Wertschätzung. Die Deva wird veranlassen, dass die Pflanze das fremde Bakterium aufnimmt und zukünftig mit ihm zusammenlebt. Auf diese Weise könnt ihr eine Pflanze züchten, die ölverseuchtes Land regeneriert.

Manche Forscher arbeiten mit großen Kristallbecken, in denen ölabbauende Organismen leben. Durch den Einfall von Sonnenlicht, das über Kristalle abgestrahlt wird, und gleichzeitige tiefe Meditation können sie mit dem Geistwesen Verbindung aufnehmen, das jene Organismen leitet und das in weiter entfernten Regionen beheimatet ist. Indem sie von intensiven Gefühlen getragene Vorstellungsbilder an das Geistwesen übermitteln, können sie es bitten, die Leistung dieser Organismen zu steigern.

Es ist die Zeit gekommen, da sich eure spirituellen Techniken mit jenen der Naturwissenschaft verbinden müssen.

Wenn der Birnbaum rostrote Flecken hat, legt eure Hand darüber und geht in die Meditation. Nehmt Kontakt auf mit der Deva des Birnbaumes und schenkt ihr die tiefe Liebe eures Herzens, die ihr für diese Bäume empfindet. Dann sendet ihr das Bild des befallenen Blattes und bittet sie, aus der geistigen Welt heilende Strahlen geistigen Lichtes durch eure Hand auf die Stelle zu lenken. Lasst die Bilder, wie dies geschieht und sich das Blatt regeneriert, in eurem Geist entstehen. Wer von euch einen klaren Edelstein besitzt, der nicht zu scharf in der Wirkung ist wie etwa der Zirkon oder Sugilith, der kann ihn in der Hand halten, während er die Hand über das Blatt hält. Je intensiver die Liebe eures Herzens und euer Wille, es zu schaffen, den Strom der Botschaft übermitteln und die Energie potenzieren, desto schnell wird der Erfolg eintreten. Spürt ihr die Deva und seid im Kontakt mit ihr, könnt ihr auch fragen, was der Erde fehlt und welchen Stoff ihr zugeben müsst.

Wie bei allen Dingen geschieht nichts ohne eure Zuwendung und aufrichtige Mühe.

Die rote Koralle als Tor zum Leben an Land

Die rote Koralle muss wie alle Meeresbewohner mit Achtsamkeit behandelt werden, wird sie auf das feste Land gebracht. Die Farbe Rot sowie die feine Verästelung zeigen euch, dass sie eine ähnliche Funktion besitzt wie der Blutkreislauf, der die Lebenskraft verteilt. Die rote Koralle war an den Eingangstoren zu Atlantis aufgestellt, die unter dem Meeresspiegel lagen. Als das Leben aus dem Meer auftauchte, um durch die Tore nach Atlantis zu gelangen, wurde es durch die Fächerarme der Koralle mit Lebenskraft impulsiert. Es war ein Impuls, an Land zu gehen, das wässrige Element ganz zu verlassen, um die selbstständige Lebensweise kennenzulernen. Daher gebt ihr die rote Koralle einer Gebärenden ins Bett, deren Kind nicht auf der Erde ankommen möchte. Und ebenso sensiblen Wesen, die stets träumend bleiben und nur eine sanfte Impulsierung vertragen. Unverzichtbar ist die rote Koralle für die Züchtung der Pflanzenformen aus den Zellen in den großen Wasserbecken. Wollt ihr die Zellstrukturen, die werdenden Pflänzchen, dazu impulsieren, an Land zu gehen und sich dort weiterzuentwickeln, so gestaltet die Becken so, dass die rote Koralle dort mitsamt den Zellen leben kann. Sie wird ungleich kräftigere Pflanzen hervorbringen, die sich mit großer Kraft auf der Erde verwurzeln. Für den Übergang vom Meere zum Land ist sie geschaffen, und daher ist für jede gebärende Frau die Essenz der Koralle, mit der ihr den Körper besprüht, von großer Hilfe. Ist das Kind auf der Welt, so sprüht die Essenz sanft in seine Aura. Sie enthält das Wissen darum, vom Meer auf das Land zu gelangen. Daher ist sie in einer dem Meeresblau entgegengesetzten Farbe erschaffen. Die Deva der roten Koralle ist anders als die des Granat oder des Rubins ein sanftes, weiblich geprägtes Wesen, das sich in der feinstofflichen Essenz besonders gut entfaltet. Ergänzt werden kann es durch die Essenz der Perle, welche die weibliche Geborgenheit gibt, die der Lebenskeim braucht, um Vertrauen in das Leben auf Erden zu erhalten. Besprüht ihr eure Sämlinge mit dieser Essenz, werden sie sich leichter und tiefer verwurzeln und schneller entfalten.

Da die rote Koralle sensibel ist, müsst ihr die Meere rein halten. Das ist ein oberstes Gebot für jegliches Leben auf eurem Planeten. Gelangt kein Lebenskeim aus dem Meer mehr durch die Korallenarme und die Tore von Atlantis auf die Erde, dann entstehen keine neuen Arten, und ihr könnt den Schwund an Leben nicht ausgleichen.

LARIMAR UND DELFIN ALS HELFER DER VÖLKERVERSTÄNDIGUNG

Der Larimar ist unterschätzt, weswegen man ihn billiger bekommt, als er sein sollte. Er stammt aus einem untergegangenen Tempel, dem ursprünglichen – seine Fundorte gehören ihm an. Er ist, ebenso wie die Delfine es für die Tierwelt sind, ein Übersetzer. Die Delfine sind Botschafter und können Sprachen übersetzen und vermitteln, und ebenso kann der Larimar euch befähigen, eine Sprache besser zu verstehen, jedoch auf ganz intuitivem Wege, da sein Element das Wasser ist. Seine Vielfarbigkeit deutet darauf hin, dass er aus verschiedenen Anteilen zusammengesetzt ist, die einander verstehen müssen, um wirksam zu sein. Auf Atlantis gab es eben diesen Tempel, der zum großen Teil im Meere lag, da ein unterirdisches halbrundes Becken zu ihm gehörte, in das die Delfine hineinschwimmen konnten und das mit Stücken von Larimar ausgekleidet war. In diesem Tempel wurden Treffen zur Völkerverständigung abgehalten. Man reinigte sich in dem Wasser, das von spielenden Delfinen durchschwommen und von der Schwingung des Larimars getränkt war, und dies half den Völkern, sich zu verstehen und brüderlich zu einigen. Gab es Verständigungsschwierigkeiten, übergab man das Problem dem Delfin und meditierte am Rand des Beckens, bis eine plötzliche Lösung auftauchte. Ihr müsst die Kraft der Tiere in eurer Mitte nutzen und die Wahrheit aussprechen. Der Delfin sollte das Zeichen der UNO und das Wappentier der globalen Völkerverständigung sein. Es gibt Möglichkeiten, mit Delfinen zu schwimmen und Wasser zu erhalten, das mit ihrer Energie getränkt ist. Zusammen mit dem Larimar lässt sich so eine Essenz bereiten, die der Verständigung dient. Betet zum Geist des Delfins, wenn ihr euch in einer Situation nicht verständigen könnt, und nehmt das helle Meeresblau zu Hilfe, um das Energiezentrum am Kehlkopf zu öffnen, sowie Schattierungen von Meeresblau für die Energiezentren am Scheitel und Inneren Auge, um eine Botschaft der Vermittlung hören zu können.

Das Reich des Menschen

Die Kristallschädel, die Amethystdruse und das Urbild des Menschen

Eine dunkelviolette Farbe, wie Tinte – ein Bergkristall beginnt darin zu entstehen – beginnt alle Farben zu reflektieren wie ein Prisma – wir sind in einem sehr hohen Gebirge – dort ist es so still wie im Himalaya – die Täler und Hänge sind violett gefüllt mit Dunkelheit – der Keim des Bergkristalls liegt in ein Tal gebettet da – ganz behütet, beschützt, in absoluter Stille – die Bergkette öffnet sich – in den Spalten gigantische Vorkommen an Bergkristall – es sind Klüfte und Höhlen, so majestätisch – dort ist ein Gesicht, ein Gesicht von einem König, aus Bergkristall, es sieht aus wie die Maske eines strengen, doch gerechten Kriegers – es wird aus den Kristallen gebildet. Höret: Die Kristallschädel und -paläste sind in diesem heiligen Gebirge Atlantis verborgen, nicht weil Menschen sie erbauten, sondern weil die Natur sie schuf und in ihnen die Formen der Idee des göttlichen Menschen abbildete. Eine Frau in einem weißen Gewand ist aus dem Tal heraufgekommen, um an der Quelle bei den Kristallpalästen, die in den Felsen liegen, Wasser zu schöpfen. Sie weiß, dass das Wasser in den Kristallhöhlen entspringt. Sie geht über die weißen Quadersteine hinunter ins Dorf. Dort in der Stadt ist ein Tempel aus gelbem Stein, Sandstein, in den geschwungene Linien eingraviert sind, und aus einem löwenartigen Maul fließt Wasser in eine Rinne – dies ist das Wasser aus den Kristallhöhlen, das von den Priesterinnen geholt wird an der Quelle. Die Menschen können ihre Hände und Füße darin baden und sich mit der violetten Energie des Wassers reinigen. Ihre Körper werden erinnert an das Urbild des Menschen, und dies sind die Kristallschädel, die in Wahrheit eher Antlitze zu nennen sind. Wir können die Reinheit dieser Orte für euch nicht zurückholen. Doch ihr könnt einen Bergkristall in eine Amethystdruse legen, eure Hände darumlegen und bitten, dass ihr zu den Heiligen Hallen der Kristallpaläste geführt werdet. Lasst Wasser aus einem Krug über die Amethystdruse laufen und fangt es in einer Schüssel auf. Mit diesem Wasser könnt ihr Hände und Füße waschen und darum bitten, dass euer Körper sich an das Urbild des Menschen erinnern möge. Diese Meditation gemahnt die Zellen an ihren Ursprung und verhilft ihnen wieder zur Reinheit. Diese Ausrichtung auf das Urbild ist wesentlich, um zur Quelle zurückzukehren. Die Klarheit zu wissen, wer man ist, ist für die Zellen nötig, um Harmonie im Körper zu erschaffen. Bittet, zu diesen Höhlen geführt zu werden.

GEISTWESEN

Eine Scheibe eines blauen Achats – daraus sollten Fenstergläser geschliffen werden. Dieser Achat wirkt positiv auf den Aufbau von Knochengewebe, denn er hilft, das Calcium zu verarbeiten. Die himmelblaue Farbe erinnert an die Aufrichtung zum Himmlischen hin, die durch die Knochen erst möglich wird.

Die Evolutionsbiologen verstehen nicht, dass Gott eine Quelle ist, in deren ursprünglichem Zustand ihre Vollendung bereits enthalten ist. Sie können nicht begreifen, wie ein göttlicher Plan existieren soll, wenn sich die Organismen des evolutionären Stammbaums auseinander entwickelt haben, doch nichts ist leichter zu begreifen als das. Die Göttliche Quelle ist ein Wunsch nach Entfaltung ihrer eigenen Göttlichkeit im Leben, und daher expandiert sie im Urknall, um diese Möglichkeit zu erschaffen. Die Welten, die entstehen, haben den göttlichen Plan, diese Göttlichkeit durch ihr Dasein auszudrücken. Die Quelle will sich im Bewusstsein ihrer selbst erkennen können, und daher strebt die Evolution nach Bewusstsein und schafft einen Organismus nach dem anderen, in zunehmender Komplexität, bis ein Wesen ins Leben treten kann, das in der Lage ist, sich all dessen bewusst zu werden. Dies ist der Mensch, und es ist besser zu sagen, er ist all diese Schöpfung, als zu sagen, er sei die Krone, was zu Missverständnissen führt – er IST all diese Schöpfung, da er aus ihr hervorgegangen ist, sie ist untrennbar eins mit ihm und er mit ihr.

In anderen Lebenssystemen ist es dasselbe – ein Planet bringt Lebensformen in zunehmender Komplexität hervor, bis eine Lebensform ermöglicht wird, die sich all dessen bewusst wird. Das Besondere daran ist, dass diese Wesen in materielle Körper inkorporiert sind, was einen ungeheuren Aufwand an Entwicklung erfordert.

Die Forscher eures Planeten glauben, dass sich Bewusstsein aus dem komplexer werdenden Organismus entwickelt und es folglich keine Geistwesen geben kann. Doch dies ist ein Trugschluss. Es ist genau umgekehrt zu denken: Bewusstsein steht am Anfang – der Urknall ist Bewusstsein, das expandiert im Wissen und Wunsch, Materie zu schaffen, und dafür ungeheuer viel Kraft und Willen benötigt. Doch der Quelle entströmt ebenso der Wunsch, Geistwesen zu erschaffen, und dies erfordert nicht so große Vorbereitungen an Zeiträumen, denn die Energieformen hierfür sind weniger dicht. Sie sind näher bei der Quelle, die selbst wie eine ausstrahlende Sonne zu denken ist, deren äußerer Ausstrahlungsradius der Größe des materiellen Universums entspricht. Daher dehnt sich das Universum aus. Die Geistwesen sind näher bei der Quelle, weil sich mit zunehmender Entfernung von ihr die Energie abkühlt, zusammenzieht und verdichtet zu Materie. Deswegen empfindet sich der Mensch als abgetrennt von Gott, doch er ist MIT jeder Zelle Teil von ihm, da es nichts anderes als Gott gibt. So ist die Materie per se auch Gott. Doch ist sie nicht belebt von einem individuell erschaffenen Wesen. Damit dies geschieht, berührt ein Geistwesen das Energiefeld der Erde und nimmt Verbindung mit ihm auf und schafft dadurch ein Feld im Feld. Dort lagern sich Moleküle an und bilden eine Gestalt, die sich ihrerseits weiterentwickelt. Da die Geistwesen keinen Körper haben, sind Raum und Zeit für sie kein Hindernis – nicht räumlich gesehen sind sie näher bei Gott, sondern energetisch gesehen. Es gibt ein erhabenes Geistwesen, das den Urmenschen repräsentiert – als es das Feld der Erde berührte und sich damit verband, wurde der Mensch geschaffen und entwickelte sich durch die Evolutionsstufen hindurch in all den Individuen, die gezeugt wurden, weiter. So kommt es, dass jeder Mensch den geistigen Funken des Urmenschen in sich trägt, jedoch auch eine individuelle Seele ausbildet, die alle eigenen Erlebnisse und Erfahrungen sammelt. Diese Seele ist nach dem Tode wiederum eine Zelle des geistigen

Urmenschen und kann wieder zum Feld der Erde zurückkehren, um als weiteres Individuum Erfahrungen zu sammeln und das Wesen Mensch weiterzuentwickeln. Auch mit einem Tier ist es so: Habt ihr ein Pferd, an dem ihr charakteristische Eigenschaften erkennt, dann deswegen, weil es bereits mehrmals zurückgekehrt ist zum geistigen Urpferd und dann als dessen Zelle wieder zum Feld der Erde kam, um ein weiteres Mal als Pferd Erlebnisse zu sammeln. Eine Pflanze ist wie die geistige Zelle der Deva, und sie lässt ihre geistigen Zellen immer wieder zur Erde zurückfließen – und so entwickeln sich auch die Pflanzen in ihrer Komplexität. Entstehen neue Arten, berührt ein weiteres Geistwesen das Feld der bisherigen Gestalt und modifiziert es – eine andere Art entsteht.

Da ihr also Teil der Göttlichen Quelle seid, könnt auch ihr ein Geistwesen bitten, das Feld der Erde zu berühren und eine neue Gattung an Lebewesen zu schaffen. Was euch von einem Gentechniker unterscheidet, ist die innere Haltung der tiefen Liebe und das Bewusstsein, der Hüter dieses Planeten zu sein. Nicht die technische Machbarkeit und der Vorteil interessieren euch dann, sondern die Liebe zur Schöpfung und zum Planeten.

Das Reich der Naturwesen

Die Äolsharfen von Irland

Wassertropfen klopfen an ein Portal. Es öffnet sich, und wir sehen eine mit Licht überzogene Landschaft von grünen Weiden, die in dunkelgrünen Hängen steil zum Meer hin abfallen. Es ist Irland, und wir sehen, wie das Licht sich sanft wie eine Decke auf das Land legt. Die grob behauenen Menhire ragen auf und scheinen von der untergehenden Sonne wie mit flüssigorangenem Licht geküsst. Die Steine selbst senden Lichtsignale aus, wie feine Fäden aufsteigender goldener Lichttröpfchen, die in den Himmel

steigen. Die Fäden laufen in einem Punkt hoch oben zusammen und ergeben so eine Kuppel, durch die der Sonnenwind streicht. Die Harfe Irlands
klingt. Die Naturwesen werden angezogen von diesen Klängen und steigen
aus den Reichen herab, um auf Irland zu verweilen – sie halten sich in der
Nähe der Harfen auf, um ihre Klänge vernehmen zu können. Gebt dem
Reich der Natur die Naturwesen zurück, indem ihr ihnen Äolsharfen baut.
Es ist um vieles leichter, als Naturwesen, die sich in die geistigen Reiche zurückgezogen haben, durch Anrufungen wieder herbeizubitten. Die Wesen
lieben diese Musik und sind sehr dankbar dafür. Die Menhire müssen hoch
sein, über zwei Meter, und sehr stark. Der Durchmesser eines Kreises kann
zwei Kilometer betragen. Vier Steine sind das Minimum, sechzehn sind
ideal, um eine wundervolle Harfe zu erschaffen. So wie Irland die Naturwesen liebt, so sollt auch ihr das tun, und die Ruhe der orangegoldenen
Oktobersonne wird sich wie flüssiges Licht auch auf euer Land legen.

Heilmittel der Zukunft

Neue Energiequellen

Produktion von Energie mit Mikroorganismen und Algen

Es bestehen seelische Verbindungen zur interstellaren Netzwelt. Diese wichtige Information bedeutet, dass ihr nicht nur auf eurem eigenen Planeten nach Netzwerken suchen könnt, sondern dass ihr im Sinne der Einheit auch in Betracht ziehen solltet, wie auf anderen Planeten Leben zu finden ist. Die interstellaren Netzwerke sind wichtig, um Ideen und Information über Energiegewinnung zu erhalten. Es gibt Lebensformen, die auf einfachere Weise Energie austauschen als auf eurem Planeten. So sind eine Reihe leuchtend roter Mikroorganismen in der Lage, die rote Energieschwingung aufeinander zu übertragen, sodass sich eine Kette aufleuchtender Organismen ergibt, an deren Ende ein Speicher- oder Verbrauchergerät stehen kann. Die Energie fließt in es hinein und lädt es auf. Solche Organismen, die in einer Kette organisch wachsen und in einem organischen Lauf die Energieschwingung weitergeben – was über eine lange Zeit ununterbrochen geschehen kann –, könntet auch ihr züchten. Dabei ist ein nur geringer Energieverlust zu verzeichnen, da die Organismen die Energie direkt aneinander weitergeben und der Mechanismus nicht angetrieben werden muss. Solche Mikroorganismen können im Wasser wachsen und durch Licht initiiert werden, das auf die Oberfläche fällt, oder sie können durch Wärme initiiert werden, die in der Erde herrscht, und im Erdreich wachsen. Eine elegante Weise der Geothermie wäre das. Um mit diesen Experimenten zu beginnen, könntet ihr Rotalgen wählen, die jedoch stark modifiziert werden auf die bereits besprochene Weise. Jemand von euch muss sich daher im interstellaren Netzwerk mit dem betreffenden Planeten verbinden, sodass er die Bilder dieser Mikroorganismen empfangen und fühlen kann, um sie alsdann in einem liebevollen Wunsch auf die Rotalgen zu übertragen. Geduld und liebevolles

Verweilen sind dazu notwendig. Ein Forscher, der geduldig bei seinen Mikroorganismen ausharrt und viele Versuchsreihen startet, wird am besten geeignet sein, doch kann jeder Mensch es versuchen. Solche organischen selbstlaufenden Quellen von Energie werden eurem Planeten am wenigsten schaden. Ich bin Orimur, und ich sage euch dies, weil unschädliche Energiequellen in nächster Zukunft dringend geschaffen werden sollten. Das rote Licht ist deswegen geeignet, weil es Wärme transportiert.

Erneuerbare Kunststoffe

Alte Wasserschläuche sind für den neuen Wein nicht geeignet, daher wird es sinnvoll sein, ein neuartiges weißes Material zu schaffen, das einem Kunststoff gleicht und doch viel verträglicher ist. Denn es ist zusammengesetzt aus Kohlenstoff-Polymeren, die bei einer bestimmten Vibrationsstufe im sehr hohen Schallwellenbereich zerfallen. Diese Schwingung von so hoher Frequenz kommt im normalen Leben nicht vor, und daher kann sie in Recyclinganlagen, die wie Quader aus Beton gebaut werden sollten, künstlich ausgesandt werden, sodass die Polymere in Kohlenstoffatome zerfallen und von Neuem in den Kreislauf der Natur eingespeist werden können. Dieser Kunststoff wirkt wie Gaze und ist eine semipermeable Membran. Er atmet und kann als natürliche Wand genutzt werden, die Licht, Wasser und Luft durchlässt, jedoch nur in geringem Maße. Ich sage euch dies, um Ideen für erneuerbare Kunststoffe zu liefern, die unschädlich sind. Das Material ist biegsam und kann als Folie genutzt werden, ist in dickeren Schichten jedoch auch hart und kann in Lamellenform genutzt werden. Stellt ihr ein turmartiges Dach aus Lamellen daraus her, so habt ihr ein Gebäude, das eure Pflanzen wie ein Gewächshaus beschützt. Der Regen wird teils abgehalten und fein verteilt, Luft kann diffundieren und Sonnenlicht zum Teil eindringen. Dies erzeugt ein Klima, in dem eure Pflanzen sehr gut wachsen können. Auch für menschlichen Wohnraum gilt, dass die Struktur aus weißen Lamellen am besten für eure Gesundheit geeignet ist.

Heilung der Erde durch einfache Lebensformen

Ich bin Arkturion, Leiter der Forschungsabteilung, und ich spreche zu euch über naturwissenschaftliche Themen. Die Botanik ist ein interessantes Fach, weil sich die Stränge der Entwicklung, die sich wie Äste aus einer gemeinsamen Wurzel entwickelt haben, verfolgen lassen. Das Besondere an dieser Wissenschaft ist, dass sie in ursprünglicher Reinheit das Leben an sich abbildet und wie ein offenes Buch die Ausdrucksformen der Kräfte widerspiegelt.

Umwandlung von CO_2 in O_2

Eine Stadt unter Wasser, deren Silhouette an die gespannten segelartigen Dächer der Olympiastadt München mit ihren Spitzen erinnert: So liegt Atlantis heute da. Die Fassaden hellblau, das Meereswasser von durchscheinendem Mittelblau. Die Formen der Dächer waren der Natur nachempfunden, und so sollte es wieder sein. Es wird viel gesprochen von einer Atmosphärenkuppel, die Atlantis überzog, doch sind in Wahrheit diese segelförmigen Abdeckungen gemeint, die sich über die Stadt spannten. In ihnen sammelte sich wie in Hängematten das CO_2, das aus den schmalen Kaminen der Stadt aufgestiegen war. Die pflanzlichen Zellen, die die Segel überzogen, wandelten es wiederum zu O_2, indem sie das Sonnenlicht wie in einem Sammelbecken auffingen. Das O_2 wurde an der anderen Seite der Lamelle, die nur eine dünne Schicht an Zellen umfasste, abgegeben in die Atmosphäre der Stadt. Dies geschah, weil die halbrunden Formen der Zeltdächer den Zellen die Information vermittelten, die Außenseite des Gesamtorganismus sei nach der Seite der Stadt gerichtet, und durch die Spaltöffnungen verließ der Sauerstoff die Membran in Richtung der Stadt anstatt in Richtung des Firmamentes. Ich sage euch dies, weil ihr mit solchen Zeltdächern das aufsteigende CO_2 wie in einem Sammelbecken herabsinken lassen könnt, um durch die Photosynthese neuen Sauerstoff für die Atmosphäre der Städte zu erzeugen. Ihr müsst lernen, wie ihr eine Schicht von Pflanzenzellen auf die Membrane aufbringen könnt, die nur sehr dünn sein kann. Es wird dazu nötig sein, dass ihr Zellen der Grünalgen dazu bewegt, sich an das Leben an Land zu gewöhnen. Daher sprach ich zu euch vom Übergang der Pflanzen an Land. Ist er mithilfe der roten Koralle gelungen, so müsst ihr die Zellen dazu bewegen, einen flachen Verband zu bilden, wie es die Bryophyten tun, doch nicht unter Wasser, sondern an Land. Ich sagte euch, dass es notwendig ist, mit der Deva zusammenzuarbeiten, denn nur sie wird die Zellen dazu bewegen können. Doch braucht es dazu die bedingungslos reine Liebe eures Herzens zum Planeten Erde. Beginnt hinter jeder Pflanze, die ihr seht, ein Gefühl der Liebe für die Deva zu platzieren. Wenn ihr die Deva spüren könnt, so bittet sie in intensiven Gefühlen und Bildern um Mitarbeit. Zeigt ihr in inneren Bildern, wie die dünne Schicht an Pflanzenzellen auf den Lamellen und Membranen aussehen soll. Je bildreicher und stärker eure Phantasie, desto einfacher wird es geschehen. Zeigt der Deva in Abläufen von Bildern, was geschehen soll. Die Begabtesten unter euch werden es schaffen.

BAKTERIEN NUTZEN

Inmitten eines Vulkans, in brodelnder Lava, die sich aus dem Krater ergießt, finden wir Bakterien, die dort zu leben vermögen. Bei diesen Lebewesen der ersten Stunden müsst ihr ansetzen, um für euren Planeten Alternativen zu entwerfen. Diese Bakterien, wie jene in sprudelnd heißen Quellen, können dafür eingesetzt werden, Wärme zu produzieren. Ihr müsst dazu ihren Stoffwechsel umkehren. $Ni(SO_2)$ wird für die Umkehrreaktion benötigt. Wie bei allen Schritten im Heilungsprozess müsst ihr in einer Umkehrreaktion beginnen, die Dinge zu erschaffen, die ihr bisher verbraucht habt. In großen Wasserbecken könnt ihr in Abhängigkeit vom Mondstand und mithilfe der Planetenkräfte Metalle ausfällen lassen, anstatt die Erde hierfür auszuplündern. Der Leiter Quecksilber wird hierfür benötigt, doch nur in homöopathischen Spuren. Hierzu muss die Planetenkraft im Trigon stehen zum Imum Coeli, dem tiefsten Punkt des momentanen Horoskopes, während der Mond am Medium Coeli, dem höchsten Punkt, steht. Die Bakterien aus der Lavaströmung müssen in ein sehr dichtes Substrat mit vielen anorganischen Verbindungen gebracht werden. Dort können sie in einem Umkehrprozess dazu veranlasst werden, Wärme zu erzeugen und wie in einem Reaktor ein Heizkraftwerk darzustellen. Diese Heizung kann von innen her die Häuser erwärmen. Die Bakterien werden als zusammenfassende Klasse von einem Geistwesen regiert, das sehr weit entfernt von uns ist. Ihr könnt ihm nicht huldigen, doch müsst ihr verstehen, dass das Leben selbst dieser Prozess ist, wenn ein Geistwesen seinen Willen eintaucht in die Atmosphäre der Erde und dadurch ein magnetischer Abdruck entsteht. In diesem magnetischen Feld sammeln sich die anorganischen Verbindungen an, ordnen sich gemäß der Struktur des Abdrucks zu organischen Verbindungen und formen gemäß dem elektromagnetischen Feld eine Kugel. Daher beginnt das Leben in Gestalt der Kugel. Zu seinem Entstehen braucht es Wasser, da in ihm das elektromagnetische Fluid fließen kann und das magnetische Feld sich bilden kann, das die Strukturen an sich zieht. Durch das Wasser entsteht ein Fluss von Stoffen, und Wachstum wird möglich. Leben entsteht, weil es einen Willen darstellt. Euer Geistwesen, euer Selbst ist im Allgemeinen nicht stark genug, Leben zu erschaffen, jedoch stark genug, es zu beeinflussen.

GIFTE ABBAUEN MIT BAKTERIEN UND GENERATORKRISTALLEN

Es gab unterirdische Höhlen, ausgekleidet mit Mosaiksteinen in dunklem Petrolblau, in denen hellblau erleuchtete, warme Wasserbecken eingelassen waren. Das Licht wurde durch einen Kristallgenerator am Fuße jedes Beckens erzeugt, einen großen, leuchtenden Bergkristall. Das Geheimnis der Kristallgeneratoren müsst ihr erst noch ergründen. Die Kristalle können dazu gebracht werden, Licht zu speichern und es wieder abzugeben. Dies geschieht über eine einfache Verbindung, das NiCd-Solvens. Die Becken dienten als Anzuchtstationen für anaerobe Bakterien, die an den Lichteinfall gewöhnt werden mussten, um ihren Stoffwechsel zu erweitern. Sie können euch heute damit dienen, in ölverseuchten Gewässern Abbau zu leisten. Der Generatorkristall muss mit der Information versehen werden, langkettige Kohlenwasserstoffe zu zerteilen. Dies muss durch einen Chemiker geschehen, der sich den Vorgang bildlich vorstellen und auf den Kristall projizieren kann. Ebenso könnt ihr Organismen züchten, die Gifte zersetzen, doch muss stets das Medium Wasser vorhanden sein, da sonst die Information nicht fließen kann.

HEILUNG VERSTRAHLTER GEBIETE UND DER MEERE

DIE SCHWINGUNG VON BLAU

Cyanobakterien bilden lange Reihen wie Fäden, schließen sich zusammen zu Schichten, die im Wasser treiben und wellenförmig bewegt werden. Das blauwellige Licht war wichtig, um mit den Lebensformen in bestimmte Tiefen des Meeres vordringen zu können. Es besteht eine Verwandtschaft zwischen den blaugefärbten Wesen des Meeres und ebensolchen Kristallen, da die Schwingung der Farbe Blau einen ganz besonderen Bezug zur Tiefe und Ruhe hat. Ein Stein wie der Azurit dringt in die Tiefen des Geistes und der Seele vor und breitet dort Ruhe und Klarheit aus. Ebenso sind Wesen wie die Blauwale dazu geschaffen, die Meere in eine Frequenz der tiefen Ruhe und Aufnahmebereitschaft zu versetzen. Die Gesänge der Wale dienen dazu, eine ganz besondere Schwingungsfrequenz herzustellen, die ebenso die Meere wie das Gehirn der Menschen in einen offenen, aufnahmebereiten Zustand versetzt. Um ein gestörtes Feld vorzubereiten, solltet ihr blaue Kristalle wie den Azurit an allen Ecken positionieren und die Gesänge der Wale darauf ertönen lassen. Das beruhigt die gestörte, ungeordnete Frequenz und öffnet das Feld für neue Informationen. Wehe dem Volk, das die Wale tötet. Sie sind Botschafter eines Lebens in tiefer geistiger Ruhe.

DOME AUS KRISTALLEN UND CYANOBAKTERIEN ZUR HEILUNG DES BODENS

Die großen Dome aus Kristallen, von denen man spricht, wenn man über Atlantis berichtet, müssten wieder aufgerichtet werden, um ein Schutzschild gegen Strahlenschäden zu bilden. Sie waren aus gigantisch hohen Bergkristall-Stelen errichtet, die dicht nebeneinanderstanden. Die Farbe Blau spielte auch hier eine große Rolle, denn die Lichtstrahlung, die vom Boden ausging, war ein tiefes Blau, das die Unruhe unharmonischer Strahlungsmuster oder zerstörerischer Sequenzen neutralisierte. Man brachte den Boden zum Leuchten durch einen Teppich aus Cyanobakterien und biolumineszierenden Algen, und durch die Bergkristalle wurde die Fähigkeit des ausstrahlenden Lichtes verstärkt.

Ihr müsst verstehen, dass niemand die Kraft besitzt, solche Felder zu heilen, außer der Natur. Aus dem blauen Heilungsfeld wird ein intensiv grün bewachsenes Feld hervorgehen. Denn durch die blaue Frequenz wird die grüne hervorgelockt. So könnt ihr Land, das sich nicht besiedeln will, dazu bringen, grün zu werden. Genug Wasser muss vorhanden sein.

Wasser lässt sich gewinnen, indem kreisförmige Vertiefungen in den Untergrund gegraben werden – wie ein Amphitheater, das in den Boden eingesenkt worden ist und über Stufen hinabführt. Unten im Boden eingelassen sollte ein Mandala sein aus einer sechsblättrigen Blüte aus schwarzem Onyx, eingelegt in Marmor, und darauf eine Spirale aus Kupfer, die sich gegen den Uhrzeigersinn dreht. Solche Vertiefungen sollten um das blaue Heilungsfeld herum angeordnet sein, je nach Größe des Feldes mindestens vier.

Rettung und Heilung der Erde – die Rolle der Wale und der Kristalle

Große, klare Kristalle mit vielen rhombenförmigen Stelen werden von blauem Wasser umspült. Werden die Kristalle von Wasser umgeben, verstärkt sich ihre Wirkung, da das Wasser Schallwellen an sie heran- und von ihnen wegträgt. Die Schwingung der Kristalle und auch der Moleküle mit ihrer Information löst sich im Wasser und wird verteilt. Ich sprach deshalb von den Walgesängen zu euch, da die Atlanter wussten, wie sie mithilfe der Kristalle die Botschaft der Wale potenzieren konnten. Die Wale sind auf der geistigen Ebene Wesen von heilender Fähigkeit, die von einem anderen Sonnensystem stammen und dort zur Harmonisierung der Umlauffrequenzen der Planeten beitragen. Sie sind auf der Erde, um die Strömungen der Weltmeere zu harmonisieren. Dies trägt entscheidend zum ausgeglichenen Klima bei. Als Atlantis versäumte, die ausgebrachten Kristalle auf dem Meeresgrund, die von enormer Größe waren, mit positiver menschlicher Absicht zu versehen, wirkte sich das sehr stark auf die Meeresströmungen aus, denn die Kristalle sind enorme Potenzierer. Die Wale zogen sich von ihren misstönenden Schwingungen zurück, und die Strömungen gerieten noch mehr ins Ungleichgewicht. So wurde der Kontinent überspült.

Ihr sollt daher erst die Kristalle unter dem Meeresgrund einsetzen, wenn ihr wisst, wie damit umzugehen ist. Das bedeutet, dass ihr in der Lage seid, eine stete liebevolle Absicht auf die Kristalle zu projizieren, nämlich die Absicht, die Erde zu pflegen und zu betreuen, und dass ihr aufgehört habt, die Wale zu töten.

Die Wale werden dann zu einer Zusammenarbeit mit euch bereit sein, wenn ihr dies bewiesen habt. Um den außer Kontrolle geratenen Strömen der Weltmeere Einhalt zu gebieten, werdet ihr euch hieran erinnern müssen. Erinnert euch an meine Worte, wenn es so weit ist, wenn die Kontinente überflutet werden und die Stürme das Meer unbeschiffbar machen. Bittet jetzt schon eure Engel, dass sie euch lehren werden, wie ihr die Erde bitten könnt, große Kristalle zu gebären, und wie ihr sie finden könnt. Prägt dann eure Liebe zur Erde den Kristallen ein und lasst sie an Orten, die noch festzustellen sind, ins Meer hinab. Die Wale werden in ihrer großen Güte und Intelligenz eure Absicht erkennen und darauf eingehen. Ich sage euch jetzt schon, es wird dringend nötig sein, dass viele von euch diese Künste erlernen, also beginnt jetzt damit. Werdet euch der Abstrahlungsfähigkeit von Kristallen bewusst. Hört auf, Wale zu töten, denn sie werden euren Planeten retten. Beginnt, mit der Erde zu arbeiten, und bittet sie, Dinge für euch zu tun.

REINIGUNG DER MEERE DURCH GENERATORKRISTALLE

Die Form eines Achtecks ist besonders geeignet, Information und Licht in viele Richtungen abzustrahlen. Bringt ihr einen Kristall solcher Form, der vollgeladen ist mit Sonnenlicht, unter die Meeresoberfläche, werden sich überall an seinen Außenseiten helle Bläschen ansammeln. Es sind Luftbläschen, die sich mit dem Licht und der Information sättigen. Lösen sie sich ab und schwimmen davon, tragen sie die Botschaft weiter.

Ein solch ungewöhnlicher Kristall leuchtet von selbst. Einfache Zellen lagern sich bald an ihm an, die Photosynthese beginnen und die Umgebung mit einem grünen Schleier färben. Wie ein Tuch wogt dieser Schleier sanft im Meereswasser. Ein Hauch von Orange beginnt sich dem beizumischen, denn der leuchtende Kristall strahlt alle Lichtfrequenzen ab, sodass auch Zellen hier gedeihen können, die das blaue Licht absorbieren und orange leuchten. Ein solcher Generatorkristall ist ungewöhnlich, weil künstlichen Ursprungs. Die Atlanter konnten solche Objekte herstellen, indem sie die kristalline Form vorgaben und die Fähigkeit zur Lichtspeicherung erhöhten. Licht ist Schwingung und enthält daher Information. Ihr müsst euch diese Fähigkeit zunutze machen, um Bakterien, die Schadstoffe abbauen, zum Wachstum zu bringen. Über das Lichtspektrum könnt ihr wählen, an welchen Orten welche Organismen zum Wachstum kommen. Um einen Ort der raschen Verstoffwechselung zu schaffen, müsst ihr einen Generatorkristall erzeugen, dessen Lichtspektrum so stark und vollkommen ist, dass Organismen aller Klassen in seinem Lichtfeld wachsen – er wird umgeben sein von verschiedenen farbigen Schleiern aus Organismen, die in rascher Folge die Stoffwechselprodukte untereinander austauschen und sich davon nähren.

Zur Rettung der Weltmeere vor der Verschmutzung wird dies von größtem Nutzen sein.

HEILMITTEL FÜR PFLANZEN

DIE GOLDENEN ROHRE VON ORIMUR –
KUPFER UND FALSCHER MEHLTAU

Eine elegante Weise, Klang über weitere Strecken zu transportieren, stellen die goldenen Rohre dar. Sie bestehen aus Kupfer mit einer goldenen Legierung und werden ineinandergesteckt, um eine dreidimensionale Struktur zu bilden. Am Ausgangspunkt kann mit Wellen harmonischer Klang erzeugt werden, der sich über die Rohre fortsetzt und zu verschiedenen Orten oder Pflanzenzellen geleitet werden kann, die durch den Klang impulsiert werden. Durch die Aufteilung der Rohre ergeben sich unterschiedliche Effekte, sodass Zellen verschieden impulsiert werden; zusammengenommen ergibt sich jedoch wieder ein facettenreiches Ganzes. So kann eine gesamte Anlage von ineinander wirkenden Pflanzenzellen geschaffen werden. In einem Reinigungsbecken beispielsweise können die unterschiedlichen Stufen in eine Reihe geschaltet werden. Die einzelnen Impulsierungen bewirken verschiedene Facetten der Reinigung und ergänzen sich, wie in einer Kläranlage, in der mehrere Becken durchlaufen werden. Nur ist die Wirkung harmonischer und ganzheitlicher, da sie aus ursprünglich einem Klangmuster erzeugt wurde. Auf die Weise könnt ihr auch Farben durch ein Prisma brechen. Zudem sind die goldenen Rohre praktisch für die Forscher, die viele Becken und Ansätze zu betreuen haben, da eine einzige Klangimpulsierung genügt. Die Stärkung der Organismen durch Kupfer geschieht auf diese Weise, denn die energetische Imprägnierung von Kupfer wird mitgegeben, ohne dass tatsächliche Ionen abgegeben werden müssten.

Eine Weile muss abgewartet werden, bevor der falsche Mehltau, der diesen Sommer eure Pflanzen befallen hat, gegangen sein wird. Die Impulsierung mit den goldenen Rohren macht die Pflanzen widerstandsfähiger. Die Klänge sollten von einem wohlklingenden Instrument wie einem Horn oder einer hornförmigen Muschel erzeugt werden und von einem Musiker gespielt werden, der die Klangfrequenzen des Planeten Venus kennt. Ihr könnt den Winzern und Obstbauern eurer Region sagen, dass dies das Problem des Kupfers als Spritzmittel lösen könnte.

Ich antworte euch auf konkrete Fragen, die mich über euren Geist erreichen, da sie euch beschäftigt haben. Der silikathaltige Bergkristall kann als feinstoffliche Essenz auf die Pflanzen gesprüht werden, denn er stärkt die Festigkeit ihrer Zellsubstanz. So gibt es keinerlei schädliche Wirkungen auf die Erde.

Heilmittel für das Magnetfeld

Interstellare Netzwerke und Sonnenstürme, Baumaggregatgruppen und Generatorkristalle

Wir müssen noch einmal auf die interstellaren Netzwerke zurückkommen, denn dort liegen Technologien für euch bereit, die sehr zukunftsweisend sind. Eine Baumaggregatgruppe beispielsweise kann als Blitzableiter für ein erhöhtes Aufkommen von interstellaren Stürmen genutzt werden. Das bedeutet in eurem Fall, dass Sonnenstürme auftreten werden, die erhöhte magnetische Strahlung auf die Erde senden, die von auf spezielle Weise angepflanzten Baumgruppen aufgefangen werden können. Dies wird auf anderen Planeten praktiziert, welche viel stärker als ihr Sonnenstürmen ausgesetzt sind.

Um die Baumgruppe rein zu halten, muss der zentrale Baum in eurem Fall eine Fichte sein, die sehr hoch aufragt. Sie wird flankiert von nicht ganz so hohen Lärchen. Als äußersten Kreis haben wir Erlen oder auch Birnbäume, wo möglich. Diese zunehmend weiblich polarisierten Bäume lenken die magnetische Strahlung des Sonnenwindes, die auf die Fichte auftrifft, auf sanfte Weise wie über einen Regenschirm in die Erde ab und neutralisieren sie gleichzeitig. Solch Baumgruppen müssen wie runde Inseln eine an die andere gepflanzt werden, um erhöhte Strahlungen in ein für die Erde positives Magnetfeld umzuwandeln. So kann die Strahlung sogar zur Stärkung des irdischen Magnetfeldes genutzt werden. Solche und andere Geheimnisse liegen im interstellaren Netzwerk. Es gibt Menschen, die Zugang dazu haben, und sie können als eure Botschafter dienen.

Eine weitere wichtige Technik der Zukunft ist die Steinschneidetechnik. In einen Granit von mannshoher Felsgröße, den ihr durchgeschnitten habt, sodass seine zwei Hälften wie ein geteiltes Ei daliegen, setzt ihr in der Mitte einen faustgroßen Bergkristall ein. Dieses Gebilde legt ihr auf sonnen- und windexponierte Bergplateaus. Die beiden Granithälften, die glattpoliert wurden, fangen die Vibration des Sonnenwindes auf und laden sich damit auf, geben die Energie an den Bergkristall weiter, der wiederum zu vibrieren beginnt. Er enthält die Energie in konzentrierter Form und sammelt sie. Die Bergkristalle werden in Abständen ausgetauscht, wobei Handschuhe aus dickem Leder getragen werden, und in einen unterirdischen Raum gebracht. Sie können als Generatorkristalle gebraucht werden, um Eckpunkte eines Feldes zu magnetisieren, oder umgepolt werden zu lumineszierenden Kristallen.

Die Phänomene des Klimawandels könnt ihr auf solch einfache und natürliche Weise zu einem großen Teil abfangen, und dafür sind die Techniken aus dem interstellaren Netzwerk nützlich: Denn auf anderen Planeten herrschen teils heftige Bedingungen, die denen, die der Klimawandel hervorruft, gleichen. Daher braucht ihr keine Angst zu haben, sondern könnt von anderen Zivilisationen lernen, wie auf liebevolle Weise mit extremen Bedingungen umgegangen wird.

Ich sage euch dies, um euch Mut zu machen, denn vielen von euch machen die Veränderungen auf der Erde Angst. Der wesentliche Schritt ist, die Erde lieben zu lernen so wie sich selbst, alles andere folgt daraus.

HEILMITTEL BEI STRAHLENBELASTUNG

JOHANNISKRAUT ALS HEILMITTEL

Höret, das erste Mal, als die Wolke der Verstrahlung über Atlantis herniederging, starben sehr viele, weil niemand auf die Strahlenqualität vorbereitet war. Die Sonne veränderte ihr Wesen, wurde größer und heißer. Dies war der Untergang.

Die Geschichte dieses Untergangs ist deshalb vor allem eine Geschichte der Sonnenentwicklung, und daher soll das Johanniskraut unser Leitstern sein. Das gleißende Licht, das sich auf die Erde ergoss, als die Nebel sich öffneten, vertrugen die Bewohner von Atlantis nicht. Ihre Haut verbrannte, und sie trugen Strahlenschäden davon. Doch tief in den Höhlen unterhalb der Meeresoberfläche arbeiteten Gruppen von Forschern an einer Pflanzenzelle, die mehr Sonnenlicht speichern konnte. Dies geschah ganz unabhängig von den Ereignissen an Land; man interessierte sich, wie bereits gesagt, allgemein für die Wirkung von Licht und Farbe. Die Pflanzenzelle war der Keim für Gewächse wie das Johanniskraut, die große Mengen an Sonnenlicht verarbeiten können, indem sie es in lichtwirksame Substanzen wie das rote Öl, das die Bildung von Serotonin fördert, speichern. Die Pflanzenzellen wurden in Becken gehalten, die in Höhlen mit trichterförmigen Öffnungen lagen, durch die Licht hineinfiel. Man brachte Kristalle an der Innenwand der Trichter an, sodass die Lichtwirkung verstärkt wurde. Die Pflanzenzellen lernten, damit umzugehen. Um Licht unterschiedlicher Farbschwingung zu erhalten, nahm man Kristalle verschiedener Farben. Für das reine Sonnenlicht wählte man den Bergkristall. Seine Struktur erhöhte und beschleunigte die Schwingung des Lichtes. Man versammelte sich um das Becken, meditierte und sang und bat so eine Deva herab, sich mit den Zellen zu verbinden und eine Pflanze daraus zu gestalten. Zeigten sich Ansätze zur Gestaltbildung, wurden die Pflänzchen in weiteren Becken gepflegt, wurden, wenn sie Wurzeln zeigten, in Erdsubstrat gebracht und allmählich an das Leben in Erde und Luft angepasst. Dann konnten sie an ausgewählten Orten auf der Erdoberfläche ausgepflanzt werden.

Als nun die Sonne ihre Kraft verstärkte, die Nebel sich lichteten und die Lebewesen Strahlenschäden erlitten, hatten die Forscher bereits Pflänzchen gezüchtet, die viel mehr Sonnenenergie verarbeiten konnten. Sie waren es, die den Kontinent neu besiedelten. Die Forscher, die in der Lage waren, aus diesen Pflanzenzellen Essenzen herzustellen, die die Strahlen abschirmten, hatten ein wertvolles Heilmittel in Händen. Da es nur wenig davon gab, entstand ein Kampf darum. Die Elite, die sich es leisten konnte, überlebte, und langsam passte sie sich an die neue Belastung an, bis aus ihr die gröber strukturierten Menschen hervorgingen, die in trockener und lichterfüllter Luft leben können.

Ihr lebt in einer ähnlichen Zeit, da die Strahlenbelastung auf der Erde zunimmt und ihr nicht daran angepasst seid. Daher ist das Johanniskraut die Pflanze eurer Zukunft. Ihr müsst lernen, mit der Deva zu kooperieren, damit die Wirksamkeit der feinstofflichen Essenz verstärkt wird. Dafür müsst ihr zunächst Demut und Liebe der Schöpfung gegenüber entwickeln und die Bereitschaft zur Zusammenarbeit mit den Pflanzenwesenheiten. Zusammenarbeit bedeutet, auf die Bedürfnisse des Gegenübers einzugehen. Beginnt daher, das Johanniskraut zu fragen, wo es gepflanzt werden möchte und was seine weiteren Bedürfnisse sind. Bittet ernsthaft, und die Antwort wird auf verschiedenste Weise in eurem Geiste eintreffen. Um eine Essenz wirksamer in der Abschirmung von Strahlen zu machen, legt einen Ring aus Bergkristallen um euer Johanniskraut herum und lasst die Pflanze mindestens drei Monate darin wachsen zur Zeit des Sommers.

Heilung durch Biolumineszenz

Biolumineszenz und Heilung

Bräuche, die nichts anderes bezweckten, als eine einmal getroffene Vereinbarung zu wiederholen, waren in Atlantis unbekannt. Es gab eine Reihe von Verpflichtungen, die aber niemanden hinderten, nach seinem Urteil zu handeln. Deswegen war der Gebrauch von Forschungen dem eigenen Ermessen anheimgestellt, und deswegen war eine so hohe Kreativität auf diesem Gebiet anzutreffen. In einigen Ausgangslagen wurden vermutlich Experimente angestellt, die Schaden zeitigten, doch war stets die Kreativität eines Forschers der wahre Antrieb für sein Tun. Einige arbeiteten mit Becken, in denen durch die Berührung mit den Händen Zellen zum Leuchten gebracht wurden. Das heißt, der Meister übertrug hier von seiner Energie etwas auf die Zellen, die daraufhin leuchteten. Diese Zellen sollten sich zusammenlagern, um Licht zu speichern. Daraufhin konnte eine lichtspendende Pflanze gezogen werden. Das grünlich schimmernde

Licht besaß große Heil- und Regenerationskraft, denn es wurde von einer lebenden Pflanze abgestrahlt und war direkt mit der Energie des Wachstums verbunden. Die Pflanze konnte vom Menschen impulsiert werden wie eine Heilkraft spendende Lampe. Gewebe regenerierte sich unter ihrem Licht. Das war von Vorteil, da es eine organische Lichtschwingung war, die sehr leicht vom Gewebe aufgenommen wurde. Menschen von heute mag es angeraten sein, mit einer biolumineszierenden Alge zu beginnen. Es muss große Kraft und Liebe vorhanden sein, um durch die Hände die Alge zum Glühen zu bringen. Noch schwieriger wird es sein, sie durch liebevolle Gedankenkraft dazu zu bewegen, sich in Reihen zusammenzuschließen und dann aus dem Verband eine Pflanze zu bilden.

Patienten können durch die Strahlen des grünlichen organischen Lichts viel schneller geheilt werden als durch herkömmliche Farbtherapie. Kann ein Forscher sich durch große Gruppen von Bergkristall reinigen und ausrichten und wird das Becken aus Bergkristall gefertigt, ist der Prozess um ein Vielfaches kraftvoller und einfacher. Der Forscher benötigt einen Geist, der klar wie Kristall und ausgerichtet wie ein Laser ist, sowie ein Herz, das übervoll von Liebe ist zur Heilung. Ich sage euch diese Dinge nicht zum Vergnügen. Es muss begonnen werden, eine alternative Lebensweise zu entwickeln.

REINIGUNG UND HEILUNG

Eine Höhle, kreisrund, die sich nach oben öffnet wie mit einem ausgeschnittenen Deckel und schneeweißes Licht hereinfließen lässt. Wasser sickert an den Wänden herab, plätschert, tränkt den Boden mit Rinnsalen, die ein wachsendes Feld von Bergkristallen umfließen. Das weiße Licht fällt auf den Kristall, lässt ihn leuchten, reflektieren, schimmern, transparent scheinen. Langsam sickert das Wasser, leise glucksend, klar und rein an den Steinen entlang.

Höhlenbewohner denken niemals nach über die Notwendigkeit, einen

Körper zu reinigen vom Zuviel an aufgenommener Information. Doch die Höhle ist dieser Ort, wo solche Regeneration geschehen kann. Auf ein solches Feld von wachsenden Bergkristallen legt ihr einen Körper, der sich reinigen muss. Es braucht zur Heilung und vollständigen Reinigung nur den Kristall, Wasser und Licht. Und absolute Stille, die in der Höhle herrscht von äußeren Einflüssen. Der Kristall ordnet die gesamte Molekülstruktur des Körpers neu und richtet sie auf Klarheit aus. Das Wasser lässt die Information weiterfließen. Das Licht erhöht den Energiepegel jeder Zelle. Die Stille gewährt, dass der Prozess ungestört bleibt.

DIE VIOLETTE FLAMME UND DER AMETHYST – HEILUNG UND REGENERATION

Der Amethyst ist auf besondere Weise geeignet, Unruhe in eine Zellstruktur zu bringen. Seine hohe und schnelle Schwingung bringt Strukturen dazu, zu vibrieren und auseinanderzufallen. So ist er der Bringer von Transformation, denn die Strukturen müssen sich auf neue Weise zusammensetzen. Er wird daher der Stein der violetten Flamme genannt. In ihr ist ein weißes Licht, das ungeheuer reinigende und neu zusammensetzende Kraft hat. Mit dieser Flamme könnt ihr Dinge zerstören, aber ebenso neu aufbauen und heilen. Ein krankes Organ zu zerstören und neu und geheilt wieder aufzubauen, das ist nur für den Meister möglich, doch könnt ihr mit der sanfteren Kraft des Amethysts an sich schon sehr gute Erfolge erzielen. Legt den Stein, der handtellergroß sein sollte, unter die weiße Liege, auf der sich der Patient befindet. Begleitet in inneren Bildern die Schwingung, die vom Kristall ausgeht, zu den Zellen des Patienten und stellt euch vor, wie sein weißes Licht die Zellen umhüllt und regeneriert.

Ich sage euch dies, um die Medizin zu unterstützen und um euch vorzubereiten auf eine Chirurgie, die andere Wege geht als gewohnt. Die violette Flamme ist der Transformator von Energie. Die Fortgeschrittenen unter euch können das weiße Licht vom Inneren Auge in einem Strahl auf das kranke Gewebe richten, während von ihrem Haupte das violette Licht der Transformation ausstrahlt und sanft die umgebenden Zellen einhüllt. Der weiße Strahl des regenerierenden Lichtes muss punktgenau gerichtet werden, während das violette Licht die umgebenden Zellen tränkt. Das violette Licht erzeugt eine Instabilität, das weiße Licht setzt anschließend neu zusammen und regeneriert.

HEILTEMPEL MIT PFLANZENZELLEN

Über die Meereshöhle, wo die Wale singen, gelangen wir in eine Felsen-höhle, in der ihr im leuchtend blauen Wasser auftauchen könnt. Sie ist über-spannt von einer Decke aus Kristall, durch die das Sonnenlicht hereinfällt. Wendet ihr euren Blick nach oben, seht ihr die Priester, Heiler und Forscher der Atlanter darauf gehen und stehen, denn es ist ihr Forschungslabor und ihr Heiltempel, der dort liegt. Ihr seht das grüne Licht der Pflanzen, die dort oben wachsen, durch die Kristalldecke schimmern. Es gibt keine Trennung zwischen einem Labor und einem Tempel, einem Forscher und einem Heiler.

Jeder von euch kann dorthin eingeladen werden. Seht euch um. Ein hel-les Licht geht vom Kristallboden in diesem Tempel aus. Drei Priester, Heiler oder Forscher sind hier. Sie tragen lange Gewänder und Umhänge in den Farben Hellviolett, Brombeerfarben, Hellblau, Rotviolett, Lavendelblau, und sie tragen Hüte in Hell- oder Rotviolett, die spitz oder oben gerade sind, mit Schleiern, die am Hinterkopf angebracht sind und bis in den Nacken fallen. Man sieht nicht ihre Gesichter, doch sie sind sehr groß und schlank und haben eine ruhige, gütige, aber emotionsfreie Ausstrahlung. In diesem Tempel können Menschen geheilt werden. Sie scheinen auf einer Liege zu liegen, schweben jedoch über dem Kristallboden, getragen vom Licht. Die Heilpriester halten liebevoll ihre Hände über den zu Behandelnden. Licht strömt wie aus einem Auge in der Handinnenfläche hervor. Dieses Auge scannt den Körper und die Energiezentren des Behandelten. Außen am

Rande des Heiltempels stehen viele runde Kristallbecken mit Wasser, das sprudelt, durchlichtet wird und in dem grüne Pflanzenzellen heranwachsen. Der Heilpriester weiß durch das, was das Auge gescannt hat, zu welchem Kristallbecken er sich wenden muss. Er stellt eine Verbindung dazu her, indem er einen Schlauch in das Becken hält, einen Unterdruck erzeugt und etwas von dem Inhalt über den Patienten fließen lässt, sodass sich ein Film aus Wasser über ihn legt. Die darin enthaltenen Pflanzenzellen aktivieren in dem starken Licht ihre Arbeit, sie produzieren Sauerstoff sowie die jeweiligen Farblichtschwingungen, Enzyme und andere Produkte, die dem Patienten helfen können. Über die Haut werden sie aufgenommen. Die Zellen reinigen den Patienten auch von Schadstoffen, die seine Haut ausscheidet. Die intensive Farblichtschwingung öffnet die Energiezentren des Patienten und reinigt sie ebenso. Haben die Zellen ihr Werk getan, so spült der Heilpriester sie mit Wasser ab, und sie werden in das Becken zurückgeleitet, um sich zu regenerieren.

Die Kunst, Pflanzenzellen nach dem jeweiligen Bedarf zu züchten und in Wasser zu halten, ist auf Erden noch nicht weit fortgeschritten, obwohl sie eine der effektivsten Techniken darstellt. Dabei können die Zellen durch Rezeptoren, Enzyme und verschiedene Lichtpigmente an die Anforderungen optimiert werden. Werden sie in Kristallbecken gehalten, haben sie eine sehr hohe Aktivität. Es ist eine sanfte und effektive Heilkunst, die nur Nutzen bringt und niemandem schadet.

DIE KRISTALLBLÜTE

Eine Blume aus Kristall ist eine außergewöhnliche Schöpfung. Sie besteht aus Kristallspitzen in Tropfenform und aus flachen, runden Kristallplättchen, die zu einer Blüte zusammengelegt werden. Sie ist für Menschen gedacht, die eine emotionale Absage erdulden mussten. Die Form der Blüte wurde von der Natur nicht umsonst so geschaffen: Rund, gefüllt und zugleich gefächert, vermag sie die Gefühle der Menschen einerseits anzuziehen und andererseits in alle Richtungen abzustrahlen. So wird der menschliche Gefühlsbereich gestärkt und vervielfältigt. Daher sollt ihr solche Kristallblüten nutzen, um Menschen zu heilen, deren Gefühle sehr stark verletzt wurden. Sprecht zu ihnen über die Liebe, die in der Natur enthalten ist, während ihr gemeinsam in die Kristallblüte schaut. Jeden Funken eines liebevollen Gefühls potenziert sie auf sanfte Weise und strahlt ihn wieder in radialer Richtung ab, sodass das Herz der Menschen sich daran nähren kann. Ihr könnt die Blüte aus Diamant schleifen und fertigen, einem der klarsten und reinsten Katalysatoren, doch auch aus jedem anderen Kristall wird sie hilfreich sein. Auch für die forschende Arbeit mit Pflanzenzellen und überhaupt mit der Natur sollte eine solche Blüte an den Rand des Experimentierbeckens oder -feldes gelegt werden, damit die vorhandene Liebe potenziert wird, so lange, bis ihr darin mehr Kraft bekommt. Eine Blüte sollte mindestens drei tropfenförmige Kristalle in der Mitte besitzen und von etwa drei bis fünf Plättchen eingefasst werden, die wie Spiegel wirken. Die Spitzen der Tropfen zeigen nach innen in die Mitte der Blüte, die runden Enden zeigen nach außen. Ihr könnt eine solche Blüte als Brosche tragen, so wird jede liebevolle Unterhaltung, die ihr mit jemandem führt, potenziert, und ihr vermögt die Kraft eures Herzchakras zu stärken. Ihr müsst in diesem Bereich nämlich große Fortschritte machen.

HEILMITTEL IN STÄDTEN

EINE REINIGUNGSMETHODE DER NEUEREN ART – PFLANZENANBAU IN STÄDTEN

Angenommen, ein isoliertes Feld muss mit essbaren Pflanzen bebaut werden, weil kein anderes Land zur Verfügung steht: In dem Fall könnt ihr die Wirkung des eisenabscheidenden Magnetits zur Wirkung kommen lassen. Dieser Stein vermag einen unsichtbaren Grenzzaun um das Feld zu ziehen, sodass Fremdenergien nicht eindringen und die Pflanzen verseuchen können. Diesen Stein müsst ihr so herum polen, dass er nach außen abstoßend wirkt, nach innen zum Feld hin jedoch eine starke magnetische Kuppel erschafft, unter der eure Pflanzen vor Fallout geschützt werden. Zu diesem Zweck senkt in den Boden einige Stücke des Kupfermetalles ein. So schafft ihr eine Kuppel, die einiger Belastung standhält. Unter der pflanzt eure Pflanzen und umgebt sie mit einem Schutz aus weißen Ringen, die zusätzlich Strahlung reflektieren. In Städten wird diese Methode gebraucht werden, da viele kleine isolierte Felder vorhanden sind, die die verstrahlte Energie nicht aufnehmen sollten. Auf dem Land wird durch die natürliche Verbindung der Gebiete und die Offenheit viel mehr selbsttätige energetische Reinigung stattfinden. Doch so könnt ihr selbst in Städten gesunde Nahrung heranziehen.

Viele dieser technischen Dinge werden vonnöten sein. Doch noch wichtiger ist der Wandel in euren Herzen. Ich bin Arkturion, und ich sage euch dies, um euch in die neue Forschung einzuweisen.

Umgang in Extremgebieten

Pyrit

Kristalle auf weißen Feldern, schwarze Pyritsäulen, hellblauer Schutz, um Strahlung abzuleiten.

Weiße Kristalle, die so aussehen, weil sie quadratisch geschliffen und auf ein Schneefeld gelegt wurden, reflektieren schädliche Strahlung, die den Eispanzer auflösen würde. In den Polargebieten, wo der Himmel eisblau und klar ist, kann diese Technik angewendet werden. Anthrazitgraue Blöcke, hohe und dicke Säulen aus Pyrit, können dazu genutzt werden, die

Wärme abzuleiten und zu speichern. Die Eisbären könnten so gerettet werden, denn das Auseinanderbrechen der Eisschollen ließe sich verhindern, indem die Strahlung abgeleitet und auf die Pyritsäulen umgelenkt wird, die dann abtransportiert und als Heizstäbe genutzt werden können. Auch als Heizelemente für Gewächshäuser sind sie brauchbar, die ihr in den Polargebieten erbauen könnt, um die Wärmestrahlung sinnvoll in Grünmasse umzusetzen. Es sollte euch kein Aufwand zu groß sein, den Planeten zu retten. Da die Anzahl der Menschen sehr hoch ist, ist auch ihre Arbeitskraft sehr groß. Die Schiffe, die in die Polargebiete fahren, sollten Stationen aufbauen, auf denen Flächen so groß wie Fußballfelder mit Quarzkristallplättchen ausgelegt werden. Einzelne Felder genügen schon, um einen Triggereffekt zu erzeugen, der Strahlen ablenkt.

Die Farbe Weiß ist wichtig, um reflektieren zu können, die Farbe Schwarz hingegen, um zu absorbieren. Nutzt diese Tatsache, um einen Fluss von Strahlung zu leiten, den ihr ablenken wollt. Habt ihr in einem heißen und trockenen Gebiet eine Plantage, die zu starker Einstrahlung ausgesetzt ist, so legt weiße Planen zwischen den Pflanzen aus und belegt sie mit Kristallplatten, die die Strahlung zurückwerfen. Stellt am Rande der Plantage die Säulen aus schwarzem Pyrit auf, die die Strahlung absorbieren. Nutzt diese Säulen, um kochendes Wasser zu bereiten, das durch Rohre in die Städte geleitet werden kann oder zum Heizen einer Fabrik. Zum Schutz der Pflanzen müsst ihr die Farbe Himmelblau benutzen. Ihr müsst ein Mikroklima aus Wassertröpfchen schaffen, die um die Pflanzen zirkulieren und eine hellblau brechende Lichterscheinung schaffen. Spannt bogenförmig Folie über die Pflanzen. Das aufsteigende Wasser kondensiert und fällt wieder herab. Diesen Schutz brauchen die Pflanzen.

Es sind immer die Farben Weiß, Schwarz und Hellblau, die ihr in solchen Extremgebieten nutzen müsst. Ich sage euch dies, um euer Augenmerk darauf zu richten, dass ihr die Extremgebiete der Erde nutzen könnt, um euch zu ernähren.

Grönland als Chance

Grönland und die Pflanzenzucht mit Kristallen

Besonderes Augenmerk ist auf die Reiche der spitzen Eisberge zu richten. Sie schmelzen dahin, und ein Kontinent wird freigelegt, der als Ersatz für Atlantis wird dienen können. Viele Märchen sind erzählt worden über die Nutzung der Kristalle, doch nun bekommt ihr die Möglichkeit, es auf einer neuen Bewusstseinsstufe noch einmal zu versuchen, denn dieser Kontinent wird voll von Kristallen sein. Sie liegen in seinem Mutterboden wie funkelnde Sterne, und ihr werdet aufgefordert sein, die Kunst der Pflanzenzüchtung mit der Kraft der Kristalle anzuwenden. Ich sagte euch bereits, dass ihr Netzwerke, Gitterstrukturen aus Energie schaffen könnt, indem ihr Kristalle an den Eckpunkten auslegt – die Ströme des Energieflusses in den Pflanzen werden sich danach ausrichten. Sollen Pflanzen ein Gebiet besiedeln, so legt ein Netzwerk an Kristallen aus, denn es bietet eine Möglichkeit der Verstärkung für die Deva, sich an dem Ort zu verankern und die Pflanzen gewissermaßen zu sich her zu locken. Ihr müsst wissen, welcher Kristall mit der Pflanze korrespondiert. Für das Johanniskraut ist es der goldene Zitrin. Mit dem Metall Gold solltet ihr beim Johanniskraut nicht arbeiten, da es zu undurchlässig ist. Die Transparenz des Zitrins ermöglicht der Sanftheit der Deva, sich bei ihm niederzulassen.

Auf diese Weise sollt ihr den Kontinent besiedeln. Er soll das Gewächshaus sein, das alles vorbereitet, was zur Regeneration der verbrannten und überfluteten Erde benötigt wird. Da die Erde verstrahlt sein wird, sollte dieser Kontinent eine so starke Regenerationsschicht aufbauen, dass sich darüber die Heilung bewirken lässt. Die Menschen unter euch, die über genug Wissen und Bewusstsein verfügen, sollten auf diesen Kontinent auswandern, sobald er zu besiedeln ist. Schafft Lebensformen nach der Natur, benutzt die hohe Intelligenz, die die Evolution in euch herausgebildet hat! Doch wenn euer Herz nicht eine ebenso hohe Intelligenz der Liebe entwickelt und sie mit der technologischen Intelligenz vereint hat, so bleibt weg von dem neuen Kontinent.

Die Seelen aus Atlantis sind nun so weit, die moderne Technologie auf weise und förderliche Art anzuwenden.

Die Besiedlung von Grönland und der Bernstein

Waldgebiete, die hauptsächlich aus Nadelwald bestehen, legen sich wie ein Ring um die Küste von Grönland. Dies wird der Zustand sein, wenn bereits viel Eis abgeschmolzen ist und ihr weise gehandelt habt, die Bäume dort anzusiedeln und auszubreiten. Der Ring wird dicker werden, je mehr Eis abschmilzt, und die Bäume werden Erosion und Sturzfluten verhindern können. Es gibt keine andere Chance für den Planeten Erde, als auf diesem Kontinent eine Zone des Ausgleichs zu schaffen. Weiße Quader geäderten Steins werden sich zeigen, sie werden zunächst von rosa blühenden Blumen besiedelt und von einigen Vögeln besucht werden. Ihr müsst anhand von Grönland die Stufen und die Abfolge der Besiedelung studieren, denn eure Erde wird wüst und öd sein, wenn ihr sämtliche Ressourcen aufgebraucht habt. Nur dieser Kontinent wird dann noch da sein. Wie es der Lauf der Natur ist, müssen viele Individuen einer Art sterben, wenn sie überhandgenommen hat. Denn ihr könnt niemals stärker als die Natur sein, da ihr selbst Teil der Natur seid. Und so werden die Überlebenden die Chance haben, eine ganz neue Lebensweise zu entwickeln. Es wird bedeuten, freiwilligen Verzicht zu leisten, was überhaupt nicht schwer ist, wenn die Einsicht gewonnen wurde. Es wird Verzicht auf Plastik im Alltag geben und Verzicht auf Monokulturen. So werdet ihr ein einfaches Leben führen, viele Menschen werden auf dem Land in Gemeinschaften leben, sehr viele, und das Leben wird umfassen den Anbau und die Verarbeitung von Lebensmitteln, das Herstellen von Kleidung und Werkzeug und das soziale Miteinander. Es wird ein paradiesisches, ein wundervolles Leben sein, wenn erst die Einsicht gewonnen wurde, dass die Einfachheit der Weg ist. Es wird Städte geben und Technik, doch stellt euch vor, wenn niemand das Bedürfnis hat, sich selbst zu entfliehen – wie ruhig es sein wird. Daher wird Grönland das neue Atlantis sein, denn dort könnt ihr all dies verwirklichen. Eine hochentwickelte Klinik kann direkt neben einem Gemüsegarten stehen, denn selbst der Arzt geht nachmittags dorthin, um seine Beete zu pflegen. Kunststoff wird nur für technische Einrichtungen gebraucht, nicht mehr für das tägliche Leben. Und da alle Waren lokal produziert werden, hat niemand Interesse an großem Fernverkehr. Fahrzeuge, die unschädlich sind, können von jedem genutzt werden, doch gibt es auch Ochsenkarren und Kutschen. Da jeder in seiner Gemeinschaft integriert lebt, gibt es kein Interesse, ständig zu fliegen. Wenn ihr die Einsicht gewonnen habt, dass Liebe einen jeden motiviert, so gibt es keine Angst mehr, und niemand hat Interesse, den anderen zu übervorteilen.

Ihr könnt all dies mit Leichtigkeit verwirklichen, denn euch steht jede Einsicht offen, und noch ist Grönland für euch bereit, in solcher Weise besiedelt zu werden.

Lernt am Beispiel dieser Insel, wie ihr vorgehen müsst, um ein Gebiet zu besiedeln, denn es wird eine Zeit kommen, wo ihr so mit den verseuchten Gebieten umgehen müsst.

Aus diesem Grund spreche ich zu euch von diesen Dingen.

Ihr müsst den Zusammenhang von Mineral, Pflanze und Tier im lebendigen Lebensraum begreifen lernen. Daher begannen wir, euch das Zusammenwirken von Steinen und Pflanzen nahezubringen.

Der Bernstein beispielsweise erwärmt einen kahlen Ort, an dem nichts anwachsen möchte. Er muss jedoch sehr achtsam abgepuffert werden durch einen Kreis freundlicher transparenter Kristalle, da er sehr empfindsam ist und seine Energie sich sonst schnell erschöpft. Die Kristalle geben ihm einen Schutzmantel. Legt den Bernstein auf das Erdreich wie besagt und sprecht liebevoll zu ihm, damit er seine Wärme und Liebe in das Erdreich einsickern lässt. Er hat ungeheuer viele Informationen über das Leben des Waldes in sich gespeichert, die er an die Erde weitergeben wird. Bringt Nadeln von Bäumen und Waldhumus aus, um zu helfen, dass erste Keimlinge sich verankern können, doch lasst den Bernstein nicht länger als einige Tage liegen, da er sich sonst erschöpft. Legt ihn zurück in eine Truhe aus Holz, wo er sich regenerieren wird. Sprecht liebevoll zu der Deva der Pflänzchen, damit sie eure Zuwendung zu schätzen weiß. Ist ein Ort kahl und wie tot, vielleicht auch feucht oder kalt, so braucht er diese liebevolle Zuwendung von euch.

EXPERIMENTIERFELD GRÖNLAND

FARBAFFINITÄTEN

Grönland sollte euer Experimentierfeld sein, um eine ökologisch verträgliche Zivilisation zu schaffen. Euch wird die Chance gegeben, einen unbewachsenen Kontinent mitzugestalten. Auf den abgeschmolzenen, eisfreien Gesteinsflächen solltet ihr also zunächst mit dem Bewuchs von Bakterien und Algen experimentieren, denn an den einfachen Lebensformen werdet ihr so vieles erlernen, was später kombiniert werden kann. Euer Augenmerk ist auf die Verbindung zwischen Gestein und Bewuchs zu richten, denn auf dem Gebiet seid ihr noch nicht weit entwickelt; die Idee, dass das Gestein ein energetisches Feld schafft, auf dem sich passender Bewuchs einfindet, ist euch noch fremd. Wenn ihr einen Untergrund habt, legt ein kreisrundes Becken darauf an, flach mit Wasser gefüllt. Unterteilt das Becken in Segmente und beimpft es mit Bakterien oder Algen. Erforscht nun, welche Kristalle ihr an den Innen- und den Außenpunkten der Segmente positionieren müsst, damit die Organismen sich darauf verteilen und, verschiedene Farben reflektierend, darin wachsen. Die Kristalle müssen groß sein, um eine Wirkung zu erzielen, und die Sonneneinstrahlung gut. Ihr könnt auf diese Weise effektive Kläranlagen schaffen, in denen Schadstoffe durch die Segmente diffundieren und immer weiter abgebaut werden.

Schwieriger ist es, auf trockenem Gestein zu experimentieren. Bringt einen dünnen Wasserfilm darauf auf und bestrahlt es mit farbigem Licht. Seht, was sich natürlicherweise ansiedelt. So habt ihr die Verbindung zwischen dem energetischen Feld des Gesteins und der Lichtschwingung. Erforscht den Stoffwechsel der jeweiligen Organismen, erhöht den Trockenheitsgehalt – so könnt ihr Organismen züchten, die an Land wachsen werden und bestimmte Stoffe abbauen. Wenn es euch gelingt, aus diesen Vorläufern Landpflanzen zu züchten, dann könnt ihr sie so kombinieren, dass sie sich in ihrem Stoffwechsel ergänzen und Molekülketten abbauen, die ihr entfernen wollt. Durch Pestizide verunreinigtes Land könnt ihr so schnell und effektiv reinigen. Wichtig ist die Kombination von Pflanzen, die sich ergänzen. Die Affinität zu bestimmten Wellenlängen des Lichtes ist mit Eigenschaften des Abbaus verbunden, die ihr durch Züchtung verstärken könnt. Und die Eigenschaften und Farbaffinitäten ergänzen sich wiederum alle zusammen zu einem Kreislauf, so wie ein Spektrum immer ganz sein muss, um alle Eigenschaften zu enthalten.

Die Idee ist, stufenweise sinnvolle Kombinationen von Pflanzen zu schaffen, um den Abbau und den Stoffwechsel zu optimieren. Denn ihr werdet sehr große Mengen an Giften abbauen müssen. Um die Farbaffinitäten in Feldern aufrechterhalten zu können, müsst ihr Kristalle wählen, die das jeweilige Lichtspektrum bevorzugt abstrahlen, und sie an den Eckpunkten der Felder positionieren.

DIE MOOSE

Zuletzt noch zu der Rolle der Moose, denn diese Flächenbedecker werdet ihr brauchen, um Schadstoffe aus der Luft zu filtern. Daher ist Grönland der wichtige Faktor, der stets erwähnt wird und dem höchste Sorgfalt zuzumessen ist. Sobald es möglich ist, müsst ihr mit der Ansiedlung von Moosen auf Grönland beginnen, um den Abbau der Luftschadstoffe zu verstärken, denn ihr werdet des Ausmaßes der Vergiftung sonst nicht Herr. Um aber Moose anzusiedeln, braucht ihr eine hohe Luftfeuchtigkeit. Erzeugt ein

Mikroklima feuchter Luft über den Steinen, das nur einen Zentimeter dick sein muss, und bringt Stücke von Moos oder seine Sporen aus. Besprüht die Steine mit feinem Wassernebel, um die Ausbreitung zu beschleunigen. Ein Kreuz aus Kristallen – genauer gesagt, vier große Bergkristallstäbe, die in Form eines gleichschenkligen Kreuzes aneinandergefügt sind – kann zwischen den Steinen gleichsinnig mit den Himmelsrichtungen ausgelegt werden, um die Polung des unterliegenden Feldes positiv zu unterstützen. Das Feld wird sich leichter ordnen und den Moosen so das Wachstum erleichtern. Dies sollte an so vielen Stellen wie möglich geschehen.

Die einfachen Lebensformen sind jene, auf die ihr zurückgreifen müsst, um die größten Taten zur Rettung eures Planeten zu vollbringen. Sie sind die mächtigsten Reiniger und Erneuerer, die ihr finden könnt, und sie stehen an der Basis der Pyramide allen Lebens. Sie enthalten die Macht, auch euer Leben zu erhalten.

Irene Sallinger (geb. 1964) ist Diplom-Biologin, Heilpraktikerin für Psychotherapie und geprüfte Astrologin DAV . Gemeinsam mit ihrem Mann bewirtschaftet sie seit 27 Jahren einen biologischen Gärtnerhof mit Permakultur, Ziegen- und Pferdehaltung am Bodensee bei Konstanz. Die Vision einer Lebensweise, die den Menschen als Gärtner sieht, der die Erde hegt und pflegt, fasziniert sie schon lange und hat zum Erscheinen der beiden Büchern „Möglichkeiten des Seins" und „Ordnung des Kosmos – Astrologische Zusammenhänge in der Natur", beide bei BoD, geführt.

www.irenesallinger.de